T0198680

essentials

essentials liefern aktuelles Wissen in konzentrierter Form. Die Essenz dessen, worauf es als „State-of-the-Art" in der gegenwärtigen Fachdiskussion oder in der Praxis ankommt. *essentials* informieren schnell, unkompliziert und verständlich

- als Einführung in ein aktuelles Thema aus Ihrem Fachgebiet
- als Einstieg in ein für Sie noch unbekanntes Themenfeld
- als Einblick, um zum Thema mitreden zu können

Die Bücher in elektronischer und gedruckter Form bringen das Expertenwissen von Springer-Fachautoren kompakt zur Darstellung. Sie sind besonders für die Nutzung als eBook auf Tablet-PCs, eBook-Readern und Smartphones geeignet. *essentials:* Wissensbausteine aus den Wirtschafts-, Sozial- und Geisteswissenschaften, aus Technik und Naturwissenschaften sowie aus Medizin, Psychologie und Gesundheitsberufen. Von renommierten Autoren aller Springer-Verlagsmarken.

Weitere Bände in dieser Reihe http://www.springer.com/series/13088

Radim Ress · Alexander Riechers

Dialog mit dem Unbewussten

Das Erschließen der Seelenlandschaft und ihrer Widersprüche mit Voice Dialogue

Radim Ress
Prag, Tschechische Republik

Alexander Riechers
München, Deutschland

Ergänzendes Material zu diesem Buch finden Sie auf springer.com/978-3-658-14699-3.

ISSN 2197-6708   ISSN 2197-6716 (electronic)
essentials
ISBN 978-3-658-14699-3   ISBN 978-3-658-14700-6 (eBook)
DOI 10.1007/978-3-658-14700-6

Die Deutsche Nationalbibliothek verzeichnet diese Publikation in der Deutschen Nationalbibliografie;
detaillierte bibliografische Daten sind im Internet über http://dnb.d-nb.de abrufbar.

Springer
© Springer Fachmedien Wiesbaden 2017

Gedruckt auf säurefreiem und chlorfrei gebleichtem Papier

Springer ist Teil von Springer Nature
Die eingetragene Gesellschaft ist Springer Fachmedien Wiesbaden GmbH

Was Sie in diesem *essential* finden können

- Eine verdichtete Einführung in das, was uns aus dem Unbewussten heraus bewegt – die Inneren Gestalten – im Unbewussten agierende Teilpersönlichkeiten, die hinter den widersprüchlichen Tendenzen im Leben und deren Dynamik stehen.
- Eine Anknüpfung an die Komplextheorie von C. G. Jung und deren Fortführung anhand der Methode Voice Dialogue, wodurch die Komplexe im Unbewussten in Form von Inneren Gestalten direkt erfahr- und erlebbar gemacht werden können.
- Ein vertieftes Verständnis für ungeliebte, blockierende oder sogar destruktive Seiten in uns, die nicht integrierbar sind, solange man nicht an ihren Ursachen im Unbewussten arbeitet, d. h. den Existenziellen Grenzerfahrungen als den Ursachen von Traumata.
- Eine Erläuterung des Begriffs Seele und die Erschließung der Vielheit ihrer Aspekte (Vielheitsmodell). Daraus ergeben sich eine erweiterte Wahrnehmung und ein Verständnis der Zusammenhänge für das, was in unserem Leben geschieht.
- Durch das Sehen und Verstehen der großen Tiefe und Tragweite der Seele erscheint der Anspruch des erwachsenen Bewusstseins als das ausschließliche Zentrum im Menschenleben (Einheitsmodell) in einem anderen Licht und entpuppt sich als Illusion des modernen Zeitgeists.

Inhaltsverzeichnis

Einleitung 1

1.1 Die Komplextheorie von C. G. Jung als Grundlage für Voice Dialogue

Man darf heutzutage wohl die Hypothese als gesichert betrachten, daß Komplexe *abgesprengte Teilpsychen* sind. Die Ätiologie ihres Ursprungs ist ja häufig ein sogenanntes Trauma, ein emotionaler Schock und ähnliches, wodurch ein Stück Psyche abgespalten wurde (Jung 2000, S. 190).

Das was C. G. Jung bereits in einer gesicherten Hypothese zusammengefasst hatte, wird im vorliegenden *essential* unter Heranziehung neuer Erkenntnisse und Methoden bestätigt und weiter entfaltet: Unser Unbewusstes ist mit einer Vielzahl von Stimmen „beseelt". Diese gehören Teilpsychen, die C. G. Jung bereits in seinem Grundwerk im Kapitel „Allgemeines zur Komplextheorie" als Komplexe im Unbewussten formuliert hat. Hal und Sidra Stone gelang es später, die Teilpsychen methodologisch zu externalisieren, was einen unmittelbaren Dialog mit ihnen ermöglichte – daher auch der Name der Methode: Voice Dialogue (Stone und Stone 1989).

Die Teilpsychen, also die aufgrund von Traumata abgespaltenen Teilpersönlichkeiten, bilden die konkreten Inhalte des Unbewussten, das per Definition außerhalb von Reichweite und Machtsphäre des Bewusstseins liegt. Sie stellen in Form gegossene autonome Einheiten des Unbewussten dar, und deshalb nennen wir sie Innere Gestalten. Durch sie erschließt sich die konkrete Seelenlandschaft eines Menschen in ihrer Bewegung und Wirkung.

Und auch das Phänomen der Verdrängung bekommt in den Inneren Gestalten seine Form: Als Schwellenhüter bewachen sie aus Gründen der Sicherung des seelischen Überlebens den Zugang zu traumatischen Inhalten der Seele, die ins Unbewusste verdrängt worden sind, und schützen so vor der Überflutung des

© Springer Fachmedien Wiesbaden 2017
R. Ress und A. Riechers, *Dialog mit dem Unbewussten*, essentials,
DOI 10.1007/978-3-658-14700-6_1

Bewusstseins. Der Schutz hat jedoch seinen Preis: rigide Überlebensmuster, verzerrte Wahrnehmung und eingeengtes Denken. Kraft ihrer Funktion sind diese Inneren Gestalten mit großer Macht ausgestattet, die das erwachsene Bewusstsein bei Weitem übersteigt. Es handelt sich also um kein inneres Team, sondern um eine komplexe Hierarchie der Macht – ein Machtgefälle im Unbewussten, das paradoxerweise aus dem Verborgenen herausragt. Die Bewegungen und Nicht-Bewegungen der Inneren Gestalten bestimmen demzufolge das Leben selbst. Die Methode Voice Dialogue ist genauso wie ihr Arbeitsgebiet tief- und weitgehend, und das „Material", das sie birgt, reicht von den persönlichen Ebenen über das familiäre Unbewusste bis zu den kulturellen und archetypischen Schichten unserer Seele. Das, was sich zeigt, ist aufregend, und zwar im wahrsten Sinne des Wortes.

> Jeder Dialog, der in jene von Angst und Widerstand verteidigten Gebiete vorstößt, zielt aufs Wesentliche […]. Da sich der Dialog in der Hauptsache im Widerstandsgebiet der Komplexe bewegt, so haftet auch der Theorie notwendigerweise ein Komplexcharakter an, das heißt, sie ist im allgemeinsten Sinne anstößig, weil sie wiederum auf die Komplexe des Publikums wirkt (Jung 2000, S. 195 f.).

Voice Dialogue lässt die Idee eines konsistenten Ich-Bewusstseins als eine Illusion erscheinen, die man im dialogischen Miteinandersein als solche unmittelbar erfahren kann. Die Methode arbeitet mit der Vielheit der Inneren Gestalten in uns. Sie bietet eine Antwort auf die Frage: „Wie kann ich das ändern, was ich einsehe, doch zu ändern nicht imstande bin?" Denn um das zu tun, sind wir auf eine Methode angewiesen, mit der wir Abstand zu uns selber gewinnen und die unser Unbewusstes spiegelt. Die Inhalte dieser Spiegelung werden schrittweise in das Bewusstsein integriert, ganz im Sinne der Individuation, dem Weg zum Selbst.

1.2 Methodologische Erweiterung durch die mehrgenerationale Traumaarbeit

Die hier von den Autoren vorgestellte Version der Methode hat durch die Einbeziehung der Systemik der mehrgenerationalen Traumaarbeit eine so starke Vertiefung und Erweiterung erfahren, dass sie weit über den bisherigen Begriffsrahmen von Voice Dialogue hinausgeht. Die Teilpersönlichkeiten werden konkret an ihren Wurzeln erfasst, nämlich den diversen Traumata in Form von Existenziellen Grenzerfahrungen. Die daran gebundenen seelischen Spaltungen verlaufen biografisch und transgenerational innerhalb der Tiefenschichten des Unbewussten. Insofern handelt es sich um ein vertikales Vielheitsmodell, das von der seelischen

Spaltung als dem Überlebensmechanismus der Seele ausgeht. Die allgemeine Unterscheidung zwischen dem Bewussten und Unbewussten erfährt somit eine viel konkretere Ausdifferenzierung, da sie eben nicht allgemein, sondern innerhalb einer jeden komplexen Einheit, die wir Innere Gestalt nennen, erfahren werden kann. Diese ist gegenüber dem erwachsenen Bewusstsein entweder teilbewusst oder zutiefst unbewusst. Bildhaft und zugleich methodologisch betrachtet, sind wir von Feldern besetzt, die in der Summe aus Mustern und Zwängen bestehen und sich als Haupttendenzen im Leben zeigen. In ihnen schwingt die jeweilige Existenzielle Grenzerfahrung in ihren Folgen wie eine Sollbruchstelle mit. Die Felder nehmen in uns Gestalt an und werden zu Gestalt gewordenen Feldern, den Machtzentren im Unbewussten, die das Bewusstsein beherrschen. Insbesondere die Einbeziehung des familiären Unbewussten (Szondi) und seiner Schicksal gestaltenden Kraft wird dem Menschen als Mehrgenerationenwesen gerecht und erweitert die bisherigen Voice-Dialogue-Auffassungen um nichts weniger als eine neue Dimension, in der sich unter anderem auch die kulturellen Muster abbilden.

1.3   Voice Dialogue als Weg zu seelischem Unterscheidungsvermögen

Im Voice Dialogue geht es im Wesentlichen um die Unterscheidung der seelischen Anteile im Inneren des Klienten. Es soll dem Klienten gelingen, sich seiner Identifikationen und familiären Verstrickungen bewusst zu werden, die er unbewusst in Form von Inneren Gestalten weiterträgt. Die Stimmen der Inneren Gestalten sind dem Menschen selber nur zum Teil bewusst oder gar unbewusst. Der Grad der Bewusstheit der Stimme sagt allerdings noch nichts über die Wirkungskraft dieser Stimme, die eher als die Spitze eines Eisberges anzusehen ist. Sie ist der Ausdruck einer Haltung, ohne ihren unbewussten Ursprung direkt erkennen zu lassen. Ihr Ursprung ist vielmehr auf eine oder mehrere Existenzielle Grenzerfahrungen zurückzuführen, deren Gewicht und Macht durch die Stimme wirken. Der Voice-Dialogue-Prozess widmet sich genau dieser Differenzierung von Folgen und Ursachen Existenzieller Grenzerfahrungen und lässt so im Klienten ein seelisches Unterscheidungsvermögen entstehen.

Da das innere Erleben einer Person – genau wie sein Familiensystem – völlig individuell ist, müssen wir vor dem Hintergrund seelischer Diversität unbedingt von Etikettierungen der Inneren Gestalten absehen. Es gibt schlicht und ergreifend nicht DAS innere Kind, DAS innere Team oder DEN inneren Kritiker. Dies sind vielmehr Etiketten von außen, die ohne individuellen und tief gehenden Prozess bereits einen Inhalt in die Inneren Gestalten des Klienten hineinzuprojizieren versuchen. Die Versuchung zur Etikettierung, wie harmlos sie auch aussehen mag, hätte jedoch schwerwiegende Folgen. Weil die spezifische und unverwechselbare Beschaffenheit des familiären Unbewussten und die eigenen Existenziellen Grenzerfahrungen, das heißt das Konkreteste der Person, unberücksichtigt blieben, führte eine solche verallgemeinernde Etikettierung leider auch zu einer verallgemeinernden Verflachung der spezifischen Seelenlandschaft eines Menschen.

1.4   Die Ansprache der Seele durch Innere Gestalten

Voice Dialogue ist ein Dialog mit den Inneren Gestalten, die in ihrer Gesamtheit das seelische Leben prägen. Voice Dialogue ist keine gewöhnliche Unterhaltung, sondern eine existenzielle Kommunikation mit den Wesenselementen der Persönlichkeit, und sie zielt auf das Ganze, den Kern, ab. Dabei ist mit dem Ganzen in Bezug auf einen Menschen seine Seele gemeint. Die Seelenlandschaft des Menschen erfährt ihre Ausformung, Ausgestaltung und Personifizierung durch die Inneren Gestalten, durch die im Voice Dialogue das ganze Dasein angesprochen und eingesetzt wird.

Für die Arbeit mit der Seele gilt: *„Nur der, der von der seelischen Wirklichkeit erfaßt ist, kann die Leiden der Seelen, die sich ihm vor die Füße werfen, erfassen"* (Hillman 1997, S. 49). Diese bejahende Haltung gegenüber der Seele ist ein wesentlicher Teil der Methode selbst. Will der Begleiter die Seele seines Klienten erreichen, muss er ihr bedeutungsvoll und glaubwürdig mit seiner eigenen Seele gegenübertreten. Denn nur eine Seele kann eine andere Seele betrachten und bewegen, und nur in dieser Haltung öffnet sich auch die Seele des anderen. Sie bleibt dagegen unerreicht und verschließt sich, wenn der Begleiter ihre vielseitige Realität nicht erfasst. Das gilt insbesondere - wie wir weiter unten sehen werden - für die seelischen „Leibwächter", die Überlebensstrukturen. Denn in Bezug auf die Seele verhält es sich im Wesentlichen nicht anders als in der zwischenmenschlichen Kommunikation. Ohne ernst gemeinte direkte Ansprache können wir keinen echten Kontakt aufnehmen. Dies soll an dieser Stelle deshalb so deutlich betont werden, weil der Seelenbegriff in der modernen Psychologie weitestgehend keine Verwendung und wissenschaftliche Akzeptanz mehr findet. Im Rahmen der Neufassung von Voice Dialogue ist die Seele jedoch die Grundlage des Vielheitsmodells des Unbewussten.

1.5 Die Seele erschließt sich in ihren sichtbaren Symptomen

Die Ereignisse des Lebens, inneres Erleben und körperliche Symptome würden ohne den alles verbindenden Seelenbegriff in zusammenhangslose Einzelsymptome zerfallen und sich einer Gesamtschau entziehen. Allerdings stehen die Vielheit an Systemen des Unbewussten, die sich als Innere Gestalten herausgebildet haben, und die äußeren Systeme, in denen wir uns bewegen (Familie, Arbeitsorganisation etc.), in ständiger Wechselwirkung, und diese Wechselwirkung bestimmt schließlich das Wesen und die Biografie eines Menschen. Die vollständige Definition von Systemik schließt innere und äußere Aspekte des seelischen Erlebens mit ein. „Seele" ist damit ein zutiefst systemischer Begriff, da sie sich in Systemen bewegt und sich auf sie bezieht. Die Systemik der Seele ist damit per se ein ganzheitliches Konzept (vgl. Riechers und Ress 2015, S. 6 ff.) und die Seele daher auch kein aus der Psychologie zu eliminierender metaphysischer Begriff, sondern Quelle jeglicher Lebensbewegung und die Grundlage jeglicher Nachhaltigkeit der Arbeit mit einem konkreten Menschen. Die Seele gehört zu uns, und gleichzeitig sind wir mit unserer Geschichte in ihr aufgehoben – als Individuen, als Mitglieder unseres Familiensystems, als Zugehörige zu einer Kultur sowie archetypisch als Gattungswesen Mensch an sich. Darum bringt die Spiegelung des Unbewussten durch die Inneren Gestalten auch Inhalte aus all diesen Bereichen hervor. Ohne Einbeziehung der Seele könnte keine ausreichende Tiefe in der Arbeit entstehen. Doch genau aus dieser Tiefe heraus wirken die Inneren Gestalten.

> So ist das Unbewußte also das Tor, das wir durchschreiten, um die Seele zu finden. […] Aber um im Unbewußten nach der Seele zu suchen, ist es notwendig, erst das Unbewußte zu entdecken (Hillman 1997, S. 53).

Systemik des Unbewussten 2

Die Gestalt gewordenen Felder als Machtzentren im Unbewussten zeichnen sich durch viele Aspekte aus, die kaum in einer vereinheitlichenden Definition zu fassen sind. Wir können die Gestalten zwar an ihren Haupttendenzen im Leben erkennen, die wir z. B. als „kritisch", „manipulativ", „überflutend" oder ähnlich bezeichnen können. Diese machtvolle Wirkung im Inneren jedoch dem „Inneren Kritiker" oder dem „Inneren Richter" zuzuschreiben, wäre eine in die Irre führende Vereinfachung. Denn hinter diesen Inhalten steht selten nur *eine* Innere Gestalt, sondern wir beobachten oft mehrere, die unterschiedlichen Kontexten entspringen. Darüber hinaus ist die vernichtend kritisierende oder manipulative Haltung einer Inneren Gestalt bereits die Folge einer Ursache, nämlich einer Existenziellen Grenzerfahrung, von der wir ohne genauere Untersuchung noch keine Kenntnis haben können. Friedrich Nietzsche bringt diese Chronologie in seinem Werk „Götzendämmerung" in allgemeiner, aber unmissverständlicher Form zum Ausdruck: *„Es gibt keinen gefährlicheren Irrtum, als die Folge mit der Ursache zu verwechseln."*

Erst durch das direkte Erfassen ihres Ursprungs in der Tiefe des Unbewussten (vertikale Achse) erschließt sich auch ihre Wirkung, die sich im Leben entfaltet (horizontale Achse). Die Inbezugsetzung zum Ursprung leitet eine beinahe sich selbst vollziehende Verwandlung jener kritischen oder durch ständige Schuldzuweisungen quälenden Stimme ein. Es macht einen bedeutenden Unterschied, ob die Gestalt und ihre kritischen Inhalte der eigenen Biografie entspringen oder ob sie den transgenerationalen Kontext der Tabuthemen erahnen lassen, die kraft ihrer Wucht das ganze System sowie den Einzelnen darin in ihrem Bann halten. Auch der Umgang mit den Inneren Gestalten fällt dementsprechend unterschiedlich aus, selbst wenn ihre Wirkung im Ergebnis ähnlich destruktiv, ähnlich kritisch oder auch ähnlich mitreißend sein kann und insofern übereinstimmt.

© Springer Fachmedien Wiesbaden 2017
R. Ress und A. Riechers, *Dialog mit dem Unbewussten,* essentials,
DOI 10.1007/978-3-658-14700-6_2

Dieser Unterschied ist daher so wesentlich, weil er die methodologische Vorgehensweise bestimmt, die sich nach der Komplexität der Inneren Gestalten richten muss. Während eine Innere Gestalt biografischer Prägung in ihren biografischen Zügen aus genau diesem Kontext heraus zu erschließen ist, kann die Komplexität der Täter- und Opferdynamik nur aus dem transgenerationalen Zusammenhang ergründet werden. Die transgenerationale Innere Gestalt erscheint jedoch mehrschichtig und deshalb ist es, um sie zu ergründen, oft notwendig, ihre unterschiedlichen Anteile zu externalisieren und sie im Rahmen einer körperorientierten Trauma-Aufstellungsarbeit zu ihrem historischen Ursprung in Bezug zu setzen.

An diesem Vergleich werden die beiden Dimensionen des Vielheitsmodells ersichtlich: Auf der horizontalen Ebene lassen sich anhand von Haupttendenzen zwar verschiedene Innere Gestalten erfassen, ihr Ursprung selbst aber nicht, da er verschiedenen Schichten und unterschiedlichen Kontexten des Unbewussten entspringt – der vertikalen Dimension des Vielheitsmodells. Die Kenntnis der hier folgenden Systemik des Unbewussten ist deshalb eine unerlässliche Voraussetzung für die Arbeit mit den Inneren Gestalten. Sie schärft die Wahrnehmung für die unterschiedlichen Schichten des Unbewussten, ohne die man die Inneren Gestalten oft nicht einmal ansprechen, geschweige denn ihnen folgen kann.

Ein Begleiter braucht unbedingt ein seelisches Unterscheidungsvermögen, das ihm erlaubt, beispielsweise traumatische Erfahrungen der vorverbalen Schichten des persönlichen Unbewussten von den perimortalen Bewusstseinszuständen zu unterscheiden. Auch Letztere sind nicht verbal, sondern als Zug bzw. Gezogenwerden im Leben zu erfassen. Diese Differenzierung ist deshalb so wichtig, weil beide Ebenen in ihrer Wirkung übereinstimmend hemmende Züge im Dasein haben können, z. B. eine Art Leben auf Sparflamme oder geistige Abwesenheit mit all ihren flächendeckenden Folgen im Leben selbst. Wie wir später sehen werden, müssen sie in ihrer Ansprache im Voice Dialogue allerdings vollkommen unterschiedlich behandelt werden. Die Seele ist eine mehrdimensionale Wirklichkeit (James Hillman), die auch im Beobachten und Denken als solche erfasst werden möchte. Manche ihrer Wesensaspekte mögen ersichtlich und nachvollziehbar sein, doch viele sind ausgesprochen widersprüchlich und paradox, obgleich sie aufeinander bezogen sind.

Das Unbewusste als Zugang zur Seele gleicht dabei eher einem nichtlinearen Organisationsprinzip, in dem die Konstanten von Raum und Zeit aufgelöst sind. Daher bietet sich als geeignete Darstellungsform jener altbewährte Ansatz der Talmud-Struktur an: Die in der Mitte des Blattes stehende Bibelstelle wird durch unterschiedlichste, einander ergänzende, sich zum Teil aber

auch widersprechende, im Laufe der Jahrhunderte entstandene Kommentare von
Rabbinern kommentiert. So entsteht mehr als eine reine Auflistung vorhandener
Ansätze, sondern auch deren Gegenüberstellung, die eine lebendige dialektische
Erschließung ermöglicht. In unserem Fall wird jedoch die Bibelstelle durch die
Ausformung der seelischen Landschaft in Form der Inneren Gestalten ersetzt.
Im Sinne dieser Methode beleuchten wir im Folgenden die komplexe sowie vor-
nehmlich unbewusste Landschaft der Inneren Gestalten und ihre Systemik. Auf
Konjunktive werden wir weitestgehend verzichten, da nur eine klar fassbare Aussage korrigierbar ist und den Geist der Dialektik belebt. Klare Positionen von
vorneherein zu vermeiden und die Aussage möglichst „ausgeglichen" zu gestalten, birgt die Gefahr, dass die Aussagekraft schwindet und der gewünschte dialektische Prozess ausbleibt.

2.1   C. G. Jung – Komplexe im Unbewussten

Die Tatsache, dass im Menschen mehrere Stimmen, Seelen oder Anteile wohnen,
haben Dichter und Denker in ihren Werken schon lange vor ihrer psychologischen Untersuchung und Deutung klar und treffend zum Ausdruck gebracht. Für
Goethe war es im „Faust" der Ursprung seiner Tragödie: „Zwei Seelen wohnen
ach! in meiner Brust", und Novalis prägte den Satz: „Jeder Mensch ist eine kleine
Gesellschaft."

Was noch als alltäglich, normal und banal erscheinen mag, bekommt eine
andere Brisanz, wenn wir anerkennen müssen, dass diese Stimmen uns ihren
Willen aufzwingen. Denn wie äußern sich ein Selbstzweifel, das Gewissen, das
Pflichtgefühl oder die viel zitierten Glaubenssätze, also all jene psychischen
Kräfte, die uns so häufig das Leben schwer machen und uns unserer Freiheit
berauben? Sie sprechen zu uns, und zwar in Geboten, Verboten und Mahnun-
gen: „Du musst!", „Du kannst das nicht!", „Das darfst du nicht!", „Wenn du dir
Freiheit nimmst, schränkst du damit andere ein", „Du hast keinen Anspruch auf
Glück" etc. Dabei geht es häufig nicht nur darum, was sie sagen, sondern vor
allem auch, wie sie es sagen. Es sind nämlich keine wohlgemeinten Ratschläge
oder vorsichtige Hinweise, die da an uns herangetragen werden, sondern ihre
Stimmen erheben einen nicht verhandelbaren Absolutheitsanspruch und entfalten damit so viel Energie, dass sie das Ich-Bewusstsein vorübergehend und auch
wiederholend in den Hintergrund drängen können. C. G. Jung sprach daher von
gefühlsbetonten Komplexen, psychischen Faktoren, die autonom im Unbewussten
wirken:

Er ist das *Bild* einer bestimmten psychischen Situation, die lebhaft emotional betont ist und sich zudem als inkompatibel mit der habituellen Bewußtseinslage oder -einstellung erweist. Dieses Bild ist von starker innerer Geschlossenheit, es hat seine eigene Ganzheit und verfügt zudem über einen relativ hohen Grad von *Autonomie*, das heißt, es ist den Bewußtseinsdispositionen in nur geringem Maße unterworfen und benimmt sich daher wie ein belebtes corpus alienum im Bewußtseinsraume. Der Komplex läßt sich gewöhnlich mit einiger Willensanstrengung unterdrücken, aber nicht wegbeweisen, und bei passender Gelegenheit tritt er wieder mit ursprünglicher Kraft hervor (Jung 2000, S. 189).

Für die Seele geht es offensichtlich nicht um Richtigkeit oder Vernunft des Handelns, denn allzu oft führen die Stimmen ja in eine Blockade oder zu einem Zwang und erzeugen somit erst die Probleme. Das heißt, es geht vielmehr um existenzielle Gewichtigkeit. Die Stimme als Träger unbewusster Inhalte deutet auf ein seelisch wichtiges, ja prägendes Ereignis hin. Und so entsteht ja im Übrigen auch ein Charakter, abgeleitet vom griechischen Begriff *charassein* – prägen, einzeichnen. Es handelt sich für das Bewusstsein um etwas Unerträgliches, das eine Wunde, griechisch Trauma, hinterlassen hat. Das Unerträgliche musste aber aus dem Bewusstsein weichen und kann folglich nur noch im Unbewussten weiter existieren. Aus diesem Grund kommt Jung auch zu der bereits in der Einleitung zitierten zentralen Schlussfolgerung: *„Man kann heutzutage wohl die Hypothese als gesichert betrachten, daß Komplexe abgesprengte Teilpsychen sind. Die Ätiologie ihres Ursprungs ist ja häufig ein sogenanntes Trauma, ein emotionaler Schock und ähnliches, wodurch ein Stück Psyche abgespalten wurde"* (Jung 2000, S. 190).

2.2 Trauma als Folge Existenzieller Grenzerfahrung

Um den Inneren Gestalten näherzukommen, müssen wir uns also zuerst mit dem Phänomen „Trauma" vertraut machen. Der Begriff „Trauma" umfasst alle Erscheinungen im menschlichen Dasein, die als Folge einer Existenziellen Grenzerfahrung zu einer Aufspaltung (Dissoziation) in der Seele führen. Aufspaltung ist eine Überlebensstrategie der Seele und geschieht automatisch immer dann, wenn die Bewältigung einer Situation über die Kräfte eines Menschen, insbesondere die eines Kindes, hinausgeht. Dabei handelt es sich häufig um Erfahrungen an der Grenze zwischen Leben und Tod, aber auch um Situationen, in denen der Wert unseres Daseins so extrem infrage gestellt wird, dass etwas droht, das einem „seelischen Tod" gleichzukommen scheint. Traumatische Erfahrungen haben darum einen gemeinsamen Nenner: Sie bedrohen unsere physische und psychische

Existenz und werden dadurch zu Existenziellen Grenzerfahrungen. Das, was nicht auszuhalten ist, seien es Angst, Schrecken, Gewalt, Ablehnung, Hunger, elende Lebensverhältnisse, Ohnmacht, bedrohende Leere oder Einsamkeit – wird erst durch das Abspalten und das anschließende Verdrängen erträglich und somit überlebbar.

Ganz allgemein gesagt, spaltet sich die Seele infolge einer Existenziellen Grenzerfahrung in drei Teile:

- Es verbleibt ein gesunder, allerdings reduzierter Anteil, daneben bestehen nun aber
- ein Überlebensanteil, der vor künftigen Traumatisierungen schützen soll,
- sowie ein traumatisierter und gleichzeitig verdrängter Anteil (Ruppert 2010, S. 30 f.).

Allerdings gehören Existenzielle Grenzerfahrungen als Phänomene der Endlichkeit und Verletzlichkeit zum menschlichen Dasein. Vor dem Hintergrund der Phase der absoluten Abhängigkeit als Neugeborenes wie auch in Verbindung mit dem spezifischen Erleben der ständigen Bedürftigkeit eines Kindes können wir sagen: Das Auftreten Existenzieller Grenzerfahrungen stellt im Leben jedes Menschen eher die Regel als die Ausnahme dar.

Nachdem die Spaltung erfolgt ist und die menschliche Seele sich in die Trauma- und Überlebensstrukturen gespalten hat, werden die Traumastrukturen durch die Überlebensstrukturen unbewusst verdrängt gehalten, und dadurch bleibt auch die Spaltung aufrechterhalten. Das traumatische Geschehen verdrängt zu halten, folgt damit der Notwendigkeit und dem Zwang des Überlebens, und dieser existiert, solange die Spaltung besteht. Trauma- und Überlebensstrukturen bilden somit durch die Spaltung ein Bezugssystem, das sich als Innere Gestalt abbildet. Die ursprünglich gesunden Strukturen werden von der gesamten Spaltungsdynamik erfasst und verlieren an Substanz. Die Überlebensstrukturen kapseln die Traumastrukturen in ihre Schutzhülle ein und werden kraft ihrer offensichtlichen Rigidität mit der Zeit zum hervorstechendsten Strukturelement des Menschen.

2.3 Die Innere Gestalt als Verdichtung der Spaltungsfolgen

Im gleichen Maße wie die Seele eine mehrdimensionale Wirklichkeit ist, findet demnach auch ihre Spaltung in Trauma- und Überlebensstrukturen auf mehreren Ebenen statt. Dabei ist der Organismus als Träger der Seele in all seinen wesentlichen Aspekten betroffen und dient als Ort der Abspeicherung des physischen wie

auch des psychischen Schmerzes. Folgende Ebenen werden von der seelischen
Spaltung erfasst:

- *Das Stammhirn,* das vitale Zentrum, mit seinen drei Abwehr- und Überlebens-
  möglichkeiten, d. h. Angriff, Flucht und Erstarren. Sofern es zu Existenziellen Grenzerfahrungen kommt, werden diese in die Matrix des Stammhirns
  eingespeichert und bilden eine Grund- und Vorlage für die Orientierung in
  Situationen, die von der „Alarmzentrale" als ähnliche Erfahrungen bewer-
  tet werden. Bereits eine Andeutung, es könne sich um eine solche Erfahrung
  (Trigger) handeln, ruft das im impliziten amygdaloiden Gedächtnis als Trauma
  eingespeicherte und zugleich Verdrängte in seiner fragmentierten Form wieder hervor. Dies manifestiert sich als eine Überflutung von Ohnmacht, Schock,
  Verzweiflung oder Erstarrung. Dieser Vorgang erfolgt ohne die Einbeziehung
  der unterscheidenden Funktionen des Neocortex, die weitgehend mit dem
  erwachsenen Bewusstsein deckungsgleich sind. Da das Trauma als unabgeschlossener Prozess im impliziten Gedächtnis eingespeichert ist, vergeht es
  nicht, sondern wirkt zeitlos weiter.
- *Das limbische System,* das emotionale Zentrum, ist überwiegend an der Regu-
  lierung von Affekten und Gefühlen beteiligt. Infolge eines traumatischen
  Ereignisses, das mit stark überflutenden und negativen Gefühlen verbunden
  ist, werden die bedrohlichen Emotionen und Sinneseindrücke derart unter-
  drückt, dass sie dem Bewusstsein nicht mehr zugänglich sind, wodurch das
  Reservoir frei fließender Emotionalität wesentlich eingeschränkt wird. Durch
  die Verdrängung verflacht und erstarrt die gesunde Emotionalität mit jeder
  weiteren Traumatisierung.
- *Der Neocortex,* das rationale Zentrum, ist für unsere verbal-kognitiven Fähig-
  keiten zuständig. Dazu gehören auch die höheren geistigen Funktionen des
  Denkens, Reflektierens und planenden Handelns. Folgen Existenzieller Grenzerfahrung zeigen sich hier zum Beispiel in negativen oder unrealistisch verzerr-
  ten Weltanschauungen, in mentalem Widerstand, in der Beeinträchtigung des
  klaren Denkens, in der Irrationalität, in der Unfähigkeit bzw. dem Unwillen, die
  Dinge zu Ende zu denken, oder in dem Zwang zu manipulativem Verhalten. Die
  Traumatisierungen der vorherigen Gehirnzentren manifestieren sich im Neocortex in Form typischer sprachlicher Äußerungen. Aussagen wie „Es geht zu Ende
  …", „Ich gebe es auf …", „Das lasse ich nie wieder zu …" erlangen als Ausdruck der Existenziellen Grenzerfahrung ein existenzielles Gewicht und werden
  zum Leitmotiv der Seele.

- *In den Faszien, im Weichgewebe,* als auch *im autonomen Nervensystem* wird die traumatische Schockenergie, die wie jegliche Energie erhalten bleibt, abgespeichert und verdrängt gehalten. Nach und nach entsteht die Schutzhülle der Muskelverpanzerungen (vgl. Wilhelm Reich 2010, S. 449 ff.), die das Nicht-Fühlen ermöglicht. Im Nervensystem zeigt sich die traumatische Reaktion als ein Kreislauf im Modus von Überreizung und gleichzeitiger Erstarrung, mit weitreichenden Folgen für Herz, Hirn und sonstige Organe.

Damit wird klar, dass die Spaltung und ihre Folgen auf den unterschiedlichen Ebenen untrennbare Aspekte einer Einheit bilden. Wenn sich also ein Teil der Seele abspaltet, ist dieser Teil für sich immer ein Ganzes, denn er greift auf alles zu, was in der Seele und folglich auch im Körper angelegt ist. Dies schließt also auch die Gehirnzentren sowie die geistigen Funktionen mit ein.

Auf dieser Grundlage entstehen aus abgespaltenen Anteilen Innere Gestalten mit durchaus persönlichen Zügen, denn sie verfügen über einen eigenen Körperausdruck, spezifische Emotionen, ein eigenes Erleben sowie spezifische Gedankengänge mit je eigenen Glaubenssätzen und Überzeugungen. Und deswegen können wir sie als solche auch erkennen und unterscheiden (vgl. Abb. 2.1 „Innere Gestalt"). Wenn die Inneren Gestalten in uns aktiv werden, verändern sich nämlich u. a. Stimmung und Körperausdruck. Wir fühlen anders und verfolgen – mehr oder weniger zwanghaft – eine gewisse Logik, die uns zu einem Tun oder Nicht-Tun drängt.

Eine Sonderkategorie stellen die schwer greifbaren Phänomene der sog. BMP dar, der *basic perinatal matricies* (Grof 1994, S. 25 ff.). Es handelt sich um die vorverbal geprägten Abdrücke der Empfängnis, der Schwangerschaft, der Geburtsphasen sowie der postnatalen Entwicklung. Hier sind keine Bilder und Erinnerungen vorhanden, sondern bestenfalls Körperempfindungen, die naturgemäß im Körper gespeichert sind. Der verbale Ausdruck bleibt noch aus. Das Dialogische Miteinander im Voice Dialogue verlagert sich hier von der sprachlichen Ebene auf die rein körperliche Wahrnehmung.

Spaltungsfolgen und davon abgeleitete Themen
Die Folgen der seelischen Spaltung manifestieren sich in folgenden Modi:

- Wiederholung gleicher Muster
- Blockade als Erstarrung
- Leerlauf im Sinne von Nicht-Ankommen, Nicht-Erfüllen
- Zug aus dem Leben hinaus

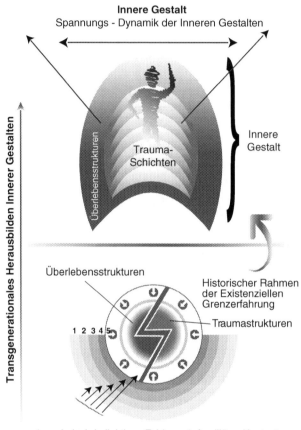

Abb. 2.1 Innere Gestalt

Zu den weitreichenden und indirekten Folgen einer seelischen Spaltung gehört die Tatsache, dass die sekundären Folgen der Spaltung in der Regel für die eigentlichen Lebensthemen gehalten werden, wodurch das gesamte Dasein von der Spaltungsdynamik erfasst wird. Da ihre Ursachen jedoch im Unbewussten liegen, sind sie auch nur dort nachhaltig lösbar. Voice Dialogue, der von den

Existenziellen Grenzerfahrungen als der Grundlage der Inneren Gestalten ausgeht, setzt genau dort an (vgl. Abb. 2.2 „Drei Ebenen der Spaltung").

Die paradoxe Dynamik innerhalb der Inneren Gestalt
Die als Folge der Existenziellen Grenzerfahrung entstandene Innere Gestalt ist
eine Einheit, in der die Trauma- und Überlebensstrukturen mitsamt der seelischen

Abb. 2.2   Drei Ebenen der Spaltung

Spaltung aufgehoben sind. Da beide Strukturen trotz und wegen der Spaltung aufeinander bezogen sind, bilden sie im Rahmen der Inneren Gestalt ein Bezugssystem widerstrebender Tendenzen. Es handelt sich um ein Bezugssystem von Gegensätzen und Polaritäten (vgl. Abb. 2.1 „Innere Gestalt").

> Es ist, wie wenn das Unbewußte zwei Hände hätte, wovon die eine immer das Gegenteil der andern tut (Jung 1948, S. 48).

Während die Haupttendenz der Traumastrukturen darin besteht, das Verdrängte durch Reinszenierung wieder sichtbar werden zu lassen, besteht der Zwang der Überlebensstruktur darin, diese Reinszenierung zu verhindern bzw. vorbeugende Schutzstrategien zu entwickeln, die das erneute Wiedererleben der Traumata verhindern sollen. Das Verdrängen und Verdrängthalten manifestiert sich zugleich als ein starker Widerstand gegen das Sichtbarwerden des traumatischen Erlebens von Ohnmacht, Schwäche, Angst, Verzweiflung, Verlassenheit und dergleichen mehr.

Die Schutzinstanz des Geistes
In der Regel wird man im Vordergrund der Persönlichkeit des Klienten eine geistige Machtgestalt vorfinden, mit der sein erwachsenes Bewusstsein beinahe restlos identifiziert ist und die ihm dadurch auch völlig unbewusst ist. Diese geistige Machtgestalt können wir ihrer Funktion wegen als Überlebensstruktur auffassen. Sie hält den an die Leere und die Ausweglosigkeit geknüpften Schmerz der Traumastrukturen mit allerlei Ersatzbefriedigungen verdrängt und gewährleistet bestmöglich das gute Überleben in der Welt. Diese Machtgestalt kann sich durch Qualitäten auszeichnen, die sich auch im Managerkanon finden: Zielstrebigkeit, starker Antrieb, Durchsetzungsvermögen, schnelle Auffassungsgabe wie auch höfliche Zuvorkommenheit, die allerdings als der Welt zugewandte Überlebensstruktur auftritt. Der Welt zugewandt zu sein, ist jedoch nur zweckmäßig, denn im Hintergrund halten sich Innere Gestalten auf, die aus ihrer weltabgewandten Sphäre das im Vordergrund ablaufende Geschehen energetisch lenken. Dies ist das erste Paradox, das uns begegnet. Doch es folgt der strengen Logik des Verdrängens und dem Ziel des seelischen Überlebens.

Im Schatten der geistigen Machtgestalten verbirgt sich nämlich oft der verdrängte kindliche Anteil, der ohnmächtig ist und in sehnsüchtiger Erwartung auf Liebe, Sinn und Fülle ausharrt. Dieser Seelenanteil ist bedürftig und bedarf der menschlichen Bezogenheit. Wenn diese jedoch aufgrund traumatischer Geschehnisse während oder nach der Geburt, oder aufgrund traumatisch bedingter Unfähigkeit der Mutter nicht erlebt werden kann, entsteht statt einer ersehnten Symbiose mit der Mutter eine Symbiose mit dem Geist. Der Geist nimmt die bedürftige und verletzbare Seele in seine weltabgewandte Hochburg auf und bewahrt sie darin. Der Geist kann auf menschliche Bedürfnisse verzichten, er hat sie schlicht und einfach nicht. Darin ist er zwar nicht menschlich, aber auch nicht unmenschlich im Sinne von menschenfeindlich oder grausam. Ganz im Gegenteil: Durch seine Qualitäten schützt er das Menschliche im Menschen, und zwar gegen Unmenschlichkeit, Vernachlässigung, Leere, Gewalt und Rohheit vonseiten anderer Menschen. Der Geist verleiht der Seele Gestalt und prägt sie durch seine Qualitäten, er zeigt sich darin in seiner durchdringenden, unpersönlichen Kraft, die in ihrer archetypischen Qualität daher auch unverletzbar ist.

> Es ist ein köstlich Wohlgefühl in uns, wenn so das Innere an seinem Stoffe sich stärkt, sich unterscheidet und getreuer anknüpft und unser Geist allmählich waffenfähig wird (Hölderlin 2012, S. 17).

Indem der Geist seine Qualitäten als Schutzrahmen für das Überleben der Seele gewährt, wird er in seinem unpersönlichen Ausdruck zu der Überlebensstruktur schlechthin. Er gießt seine universalen Qualitäten der Unverletzbarkeit, Bedürfnislosigkeit, Stärke, Ausdauer, Unnachgiebigkeit etc. in eine Struktur, die die bedürftige kindliche Seele dadurch schützt, dass er sie unempfindsam macht. Die geistige Innere Gestalt befindet sich in einer Haltung, die mit der Abkehr von der Welt, als Quelle des Leides, übereinstimmt. Ihre Überlebensstrategie gleicht der Abkehr von der Welt der menschlichen Bezüge – ihre Haltung ist unbezogen. Der Verzicht auf die menschlichen Bedürfnisse ist die Quelle ihrer Unabhängigkeit und Macht, die jetzt triumphierend über der Welt steht. Nach außen hin jedoch gewährleisten die biografisch geprägten Überlebensstrukturen die Anpassung an die Umwelt. Das Ergebnis: ein seelisches Leben auf Sparflamme trotz aller Fülle im Außen.

Diese Schutzstruktur wird das ganze Leben lang aufrechterhalten, da der Geist – aus der Zeitlosigkeit heraus, in der er waltet – einfach nicht den linearen Verlauf der Zeit, in dem sich das Leben des Einzelnen vollzieht, reflektiert.

Der Wiederholungszwang als Zug der Seele
Ganz unabhängig von der Dynamik des Verdrängens ist der Mensch aber doch meist von einer Sehnsucht durchdrungen, eine nicht vollzogene Lebensbewegung zu verwirklichen. Das einst Unmögliche, Verletzte, Vernichtete, Vergebliche, sei es im eigenen Leben oder dem der Vorfahren, strebt nach einer Auflösung, indem

es an die Oberfläche des Bewusstseins drängt. Der „Wille" der einzelnen seelischen Anteile, die abgespalten oder im Ahnenfeld verstrickt sind, wird dabei als eine Zugkraft spürbar. Sie zieht den Menschen anderswo hin als der Wille des erwachsenen Bewusstseins. Sie zeigt sich als ein Hingezogensein zu einem Etwas, und dieses Etwas wiederum besteht aus den ungelösten Themen in der Tiefe des Unbewussten, die gleichsam mit der Existenziellen Grenzerfahrung in der Spaltung verbunden sind. So zieht es Opfer trotz besseren Wissens immer wieder zu Tätern, andere sind unerklärlicherweise fasziniert von der Gefahr und wieder andere müssen immer sühnen, helfen oder retten, obgleich ihre Kräfte dafür nicht ausreichen.

Diese Bewegung vollzieht sich jedoch unbewusst, da das, was zu verwirklichen ist, ja eben im Unbewussten verborgen liegt. Dadurch ist man nicht frei, sondern einem unbewussten Zwang unterlegen. Der Wille des erwachsenen Bewusstseins ist bestenfalls ein Korrektor des um ein Vielfaches stärkeren Willens des Unbewussten. Da es sich bei den Existenziellen Grenzerfahrungen häufig um eine Verkettung oder Aufeinanderschichtung von Ereignissen handelt, ist die Wucht ihrer Folgen ganz erheblich stärker als der Wille eines Einzelnen. Dies führt unweigerlich dazu, dass die Person doch wieder in die Tiefe des Abgespaltenen und Verdrängten gezogen wird. Besonders deutlich wird dies in den Familiensystemen, weil es dort für den Einzelnen häufig kein „Entrinnen" gibt. Wenn man auch noch so entschlossen ist, nicht so zu werden „wie die anderen" oder seine Unabhängigkeit zu bewahren, verspürt man den Sog oder Zug, der einen dennoch mitzieht.

> Was sich uns entzieht, zieht uns dabei gerade mit, ob wir es sogleich und überhaupt merken oder nicht. Wenn wir in den Zug des Entziehens gelangen, sind wir – nur ganz anders als die Zugvögel – auf dem Zug zu dem, was uns anzieht, indem es sich entzieht (Heidegger 1992, S. 9).

Das Verdrängte drängt sehr stark danach, sichtbar zu werden, ähnlich, wie ein unter Wasser gehaltener Ball an die Oberfläche auftreiben will. Die Seele zieht sich deshalb ganz unwiderstehlich jene Lebensumstände an, in denen sie sich mitsamt ihren Traumawunden spiegeln kann. Sie reinszeniert somit das Traumageschehen immer wieder, und in ihrer Sehnsucht nach Ganzheit lässt die Seele keine Gelegenheit aus, um das durch die Traumaspaltung in ihr Getrennte wieder sichtbar werden zu lassen. Die Heilkraft der Seele zeigt sich im Sichtbarwerden des Ungeheilten und nicht gleich in dessen Heilung, wie sich viele dies allzu einfach vorstellen.

2.4 Täter- und Opferdynamik

Eine weitere, jedoch besondere Dynamik in den Inneren Gestalten entfalten jene Existenziellen Grenzerfahrungen, die durch Taten und Untaten innerhalb eines Beziehungsgeflechts ein Opfer und einen Täter erzeugen. Der Begriff Untat bezeichnet nicht einfach nur eine böse Tat, sondern auch das menschlich schier Undenkbare. Oft geht es dabei um Mord an Kindern, Inzest, Machtmissbrauch mit verhängnisvollen Folgen für andere, Folterungen, Genozid und dergleichen mehr.

In dem jeweiligen historischen Kontext bleiben Opfer und Täter durch die Untat in einem seelischen Raum ohne Zeit aneinandergebunden. Die Untaten und Geschehnisse, die der Täter- und Opferdynamik zugrunde liegen, werden oft als Tabu verdrängt. Doch aus dem Unbewussten heraus entfaltet diese Dynamik eine starke Wirkung, die zu einem Sog wird. Dafür verantwortlich ist die doppelte Spaltung, die an die Existenzielle Grenzerfahrung gekoppelt ist. Denn sowohl Täter als auch Opfer müssen sich spalten, um die Schuld ebenso wie den Schrecken verdrängt zu halten. Die Spaltung beruht allerdings beiderseitig auf keiner freien Wahl, sondern geschieht als Folge der Tat aus dem seelischen Überlebensmechanismus heraus.

Die verdrängte Untat wird so zum Weichensteller im Unbewussten. Sie bildet sich im Menschen als Innere Gestalt ab, bzw. als Gestalt gewordenes Feld, das beinahe dämonische Züge trägt und ein Machtzentrum darstellt. Diese unbewusste Macht zeigt sich als Leitmotiv der Seele, das nach Sühne, Rache, Wiedergutmachung oder Gerechtigkeit strebt. Das Unabgeschlossene, Ungesühnte, Ungerechte sucht in nächsten Generationen nach Ausgleich, Wiedergutmachung oder präventiver Kompensation („Es darf nie wieder geschehen, dass …", „Ich muss sehr aufpassen, dass mir nicht das passiert wie meinem/meiner … "). Dieses Motiv erfasst das gesamte Leben, und man zieht sich Beziehungen und Umstände an, in denen sich dasselbe Chaos zwischen Täter und Opfer ständig reinszeniert. Dieses Motiv ist genauso zeitlos wie die Täter-Opfer-Spaltung als unabgeschlossener Prozess im impliziten Gedächtnis, und so wirkt es auch in die nachfolgenden Generationen hinein.

Diejenigen Seelenanteile eines Menschen, die sich aus der Täter- und Opferdynamik des Familiensystems nicht herausgelöst haben, können gar kein Leben im eigentlichen Sinne anziehen oder bewirken. Denn ihre abgewandte Seite zeigt sich immer in einer Erstarrung, ob als emotionale Kälte des Täteranteils oder eingefrorene Emotionalität des Opferanteils, der sich nur nach Rache und Vergeltung sehnt. Alles, was das Leben ausmacht, das Fließende, das Lebendige, das Kreative und das Vitale, eben das echte Leben selbst Bewirkende, ist mit dieser destruktiven Dynamik nicht zu vereinbaren.

2.5   Transgenerationale Innere Gestalt (TIG)

Die Inneren Gestalten sind zudem auch das Ergebnis der Abbildung des äußeren Familiensystems im inneren System des Einzelnen. Indem wir in dieses oder
jenes Familiensystem per Geburt geworfen wurden, sind wir dessen Einfluss in
ganzer Tragweite und schicksalhafter Wucht ausgesetzt. Seine Muster sind in
unsere Seele, unseren Geist und Körper – nicht zuletzt in die DNA – im wahrsten
Sinne des Wortes eingeflochten. Die Grundthemen in Familiensystemen, die stets
auch eine Folge Existenzieller Grenzerfahrungen sind, zeigen sich daher generationsübergreifend in vielen Varianten: verschiedenste Krankheitsbilder, psychische Störungen, Alkoholismus, Gewalt, Selbstmorde, Abtreibungen, Unfälle und
dergleichen mehr. Vom Grundthema abgeleitet und aufs engste mit ihm verknüpft
sind auch alle Tabus sowie die Grundstimmung im System. Indem man in ein
Familiensystem hineingeboren wird, in dem diese und ähnliche Inhalte mehrfach
vorkommen, nimmt man sie als Mehrgenerationswesen (Franz Ruppert) unbewusst in sich auf. Die unbewusste Verinnerlichung gleicht einem Nicht-Heraus-
gelöstsein, das zu einer Verstrickung führt. Die familiären Inhalte werden so zum
eigenen Leitmotiv der Seele, das auch im eigenen Leben seine Wirkung entfaltet.
Man zieht sich ähnlich geartete Existenzielle Grenzerfahrungen an, die dadurch
nun auch einen persönlich-biografischen Charakter aufweisen.

Die Verstrickung mit den Eltern
Die sichtbarste existenzielle Verstrickung ist die mit der Elterngeneration.
Der Bezug des Kindes zur Mutter und zum Vater wird von dem definiert, was
diese aus ihrem Familiensystem energetisch besetzt hält. Denn auch die Eltern
sind durch Felder besetzt, in denen sie verstrickt sind oder, anders gesagt, aus
denen sie nicht herausgelöst sind. Für das sich nach Bezug sehnende Kind ist
diese Verstrickung oft das einzige Bezugsangebot seitens der Eltern, wovon es
seine Identitätsbildung ableiten kann. Anders verhält es sich, wenn die Symbiose mit geistigen Überlebensstrukturen, die per se nicht bedürftig und verletz-
bar sind, sich stark herausbildet. Diese schirmen das Kind vor einer Bindung mit
den Eltern ab. Ohne die geistige Abschirmung gäbe es keinen Schutz gegen die
unheilvolle Verstrickung mit dem belasteten Ahnenfeld. Ganz unbewusst halten nämlich die kindlichen seelischen Anteile stark an dieser identitätsstiftenden
Verstrickung fest, und zwar unabhängig davon, ob die Beziehung zu den Eltern
tragend, einengend oder gar destruktiv ist. Dies gilt insbesondere, wenn die
Eltern selber traumatisiert und infolgedessen psychisch nicht für das Kind anwe-
send sind. Umso mehr versucht das Kind, ihre seelische Last – im Wesentlichen

ihre Traumata – für sie zu tragen, selbst wenn seine Kräfte dafür nicht ausreichen. Auch der Bezug zum scheinbar unpersönlichen Geist und seiner schützenden Sphäre ist ein Bezug, wenngleich ein Ersatz für den menschlichen Bezug, denn die reine Leere (horror vacui) vermag das Kind nicht zu ertragen, und etwas Drittes steht nicht zur Wahl. Die verstrickten kindlichen Anteile bleiben in ihrem kindlichen Zustand und dem Zug der Verstrickung, selbst wenn man erwachsen geworden ist. Die Annahme, dass sie sich im Laufe der Zeit „von selbst" in das erwachsene Bewusstsein integrieren und „erwachsener werden", entbehrt jeder Grundlage. Das undifferenzierte Einheitsmodell der Psyche, in dem alles dem erwachsenen Bewusstsein zugedacht wird, verführt jedoch leicht zu einer solchen Annahme.

2.6   Das familiäre Unbewusste

Nicht von ungefähr formulierte Leopold Szondi sein Erb- und Zwangsschicksal als die unfreie Wahl in Liebe, Freundschaft, Beruf, Krankheit und Tod: *„Die im Erbgut mitgebrachten Ahnen streben alle zur Manifestation. Psychologisch drückt man diesen Manifestationsdrang als «Ahnenanspruch» aus. Da diese Ahnenansprüche zwar dynamisch, doch völlig unbewußt sind, spricht man – tiefenpsychologisch – von einem «familiären Unbewußten». Dies ist der Sitz und Wartesaal jener Ahnenfiguren, die in unserem eigenen Schicksal nach Wiederkehr streben"* (Szondi 1977, S. 20). Die Muster des familiären Unbewussten sind nichts Vergangenes, sondern in ihrer Wirkung etwas in der Zeitlosigkeit des Unbewussten Aufgehobenes, stets Andauerndes und Seiendes.

Das familiäre Unbewusste scheint nur ein transgenerationales Motiv zu haben: die Reinszenierung des Verdrängten. Diese findet statt, unabhängig davon, ob das Individuum der späteren Generation damit glücklich, unglücklich und unerfüllt bleibt oder gar daran zugrunde geht. Das familiäre Unbewusste als eine dem Persönlichen an Kraft und Wirkung übergeordnete Einheit „denkt" nicht individuell, sondern verhält sich wie eine unpersönliche Kraft, die jedoch im Ergebnis das Persönlichste gestaltet, und zwar das gelebte Schicksal des Einzelnen. Freiheit, und damit frei gewähltes Schicksal, offenbart sich erst in einem seelischen Raum außerhalb der Verstrickung, in dem dann erst eine freie Lebenswahl möglich wird. Dieser Raum entsteht naturgemäß nicht von selbst, sondern erst im Prozess der Bewusstwerdung der Verstrickungen. Das persönliche Schicksal ist letztlich die dialektische Koexistenz von Erb- und Zwangsschicksal sowie frei gewähltem Schicksal.

Die Inneren Gestalten sind in diesem Sinne auch als Gestalt gewordene Schicksalsmuster und als komplexe Täter- und Opferdynamiken anzusehen. Sie sind die Abbildungen der Trauma- und Überlebensstrukturen, die als Folgen der Existenziellen Grenzerfahrungen sowie der Taten und Untaten der Ahnen entstanden sind. Als solche sind sie weiterhin an ihren historisch-gesellschaftlich-familiären Kontext gebunden und wirken als formende Kraft des familiären Unbewussten.

System of Condensed Experience (COEX)

Das familiäre Unbewusste besteht also nicht aus einzelnen, voneinander isolierten Erfahrungen, sondern aus ihrem Aufeinander-Gestapelt-Sein sowie ihrer Verkettung. Jede Schicht erscheint als Variante eines Grundthemas, das sich wie ein roter Faden mehrfach durch das Familiensystem zieht. Da man durch die Identifikation mit den Trägern aus dem Familiensystem auch alle Schichten in sich angelegt hat, kann man über einen Komplex verdichteter Erfahrung sprechen. Stanislav Grof beschrieb dieses Phänomen als System of Condensed Experience (COEX) – ein System verdichteter Erfahrung, was gleichzeitig wie ein seelisches Leitmotiv wirkt. COEX stellt eine spezifische Konfiguration der Seele dar, die all jene seelischen Inhalte in Resonanz an eine Saite bündelt, die mehrschichtig durch die Biografie, das Ahnenfeld wie auch das Feld der Archetypen als die vertikale Achse des Unbewussten hindurchgeht. Bei einem Trigger auf der horizontalen Ebene des Alltags wird COEX als Ganzes in Schwingung gebracht.

Die Feldstärke des Familiensystems

Die Wirkung des familiären Unbewussten besitzt eine enorme Feldstärke, die alle Beziehungen innerhalb des Familiensystems erfasst. So kann z. B. eine Mutter mit den besten Absichten und Taten für ihr Kind sorgen, trotzdem aber nicht verhindern, dass sich eine Blockade in der Beziehung einstellt und sich das Kind daraufhin distanziert, unterkühlt oder gar misstrauisch verhält. Dabei ist das Verhalten des Kindes gegenüber der Mutter die Reaktion auf das bedrohliche Feld, das durch die Mutter wirkt, obwohl sie sich dessen wahrscheinlich kaum bewusst ist. Das neugeborene Kind verfügt über eine feine energetische Wahrnehmung, die auch auf das Feld reagiert, das durch die Mutter wirkt. Ist dieses Feld nun mit Untaten und Tabuthemen durchsät, reagiert die Seele mit den ihr bekannten Schutzmechanismen. Um in der Welt des Familiensystems überhaupt zu überleben, spaltet sich die fragile kindliche Seele und sucht ihren Bezug in der vor Verletzungen schützenden Unbezogenheit der geistigen Sphäre. Diese Unbezogenheit wird eine Generation später zur Vorlage für ein ähnlich distanziertes Verhältnis zwischen Elternteil und Kind, und zwar selbst dann, wenn das erwachsene Bewusstsein alles dagegen zu unternehmen scheint.

Charakter der Felder versus Individualität

In jedem Fall ist das Familienfeld ein formendes und verformendes Feld. Der Stoff des Familienfeldes, der in ungeahnter Tragweite aus den Traumata, den Überlebensstrategien und auch den gesunden Anteilen der Einzelnen besteht, wird zur Vorlage des persönlichen Unbewussten, aus dem sich nach und nach das erwachsene Bewusstsein konstituiert. Die moderne Psychologie, die die Individualität und Vormachtstellung des Ich-Bewusstseins postuliert, nimmt diese Felder und ihre Charaktere als solche allerdings kaum wahr. Stattdessen schreibt sie den Charakter der Felder dem sogenannten Individuum zu, was aber verfehlt ist, da diese Felder per Definition nicht individuell sind, sondern im Gegenteil die Individualität von ihnen überlagert wird.

Das erwachsene Ich wird demnach von Feldern geformt, die sich in ihm als Innere Gestalten ausprägen und aus dem Unbewussten als verborgen waltende Machtzentren mit vielen Aspekten wirken. Dadurch werden die Hauptqualitäten dieser Felder automatisch zu hervorstechenden Charakterzügen des Einzelnen, der jedoch dadurch noch kein Individuum wird. Individuell ist nämlich höchstens die Art der Anpassung an das Vorgegebene, was sich nach außen idealerweise in einer sozial angepassten Maske präsentiert. Die verborgenen Machtzentren hingegen treffen die Entscheidungen eines Menschen, genauso wie sie diese unter Umständen auch verhindern. Indem sie ähnliche Felder als Lebensumstände anziehen, gestalten sie das Schicksal. Deshalb ist der Begriff Individualität an dieser Stelle nur eingeschränkt zu gebrauchen, da es sich um die Überlagerung aus dem Ahnenfeld handelt – eben um das Gegenteil von etwas wirklich Individuellem.

Ist das Feld z. B. durch viele Gewalttaten definiert, so entsteht entweder eine neue Auflage eines Gewaltcharakters oder das genaue Gegenteil: ein Charakter, der jeden Hauch und jede Andeutung von Gewalt ablehnt und sogar verurteilt. Der Gewaltcharakter tritt allerdings nicht so auf, wie er sich z. B. in den Kriegsjahren 1870 oder 1940 äußerte, sondern als sozial angepasste „Persona" (die „Maske" im griechischen Theater) heutiger Maßstäbe, d. h. als die obere Schicht der Überlebensstruktur. Ihr Schatten zeigt sich häufig nur im Verborgenen, z. B. als zurückgehaltene Aggression, die sich in der Atmosphäre zeigt, die man verbal oder nonverbal verbreitet. Aber auch offensichtliche Gewaltausbrüche können im Verhalten unterschiedlichste Formen annehmen. Am auffallendsten ist sicherlich das Verletzen, Überfluten und Nichtbeachten der Grenzen von Mitmenschen. Der jede Gewalt verneinende Charakter wiederum ist von seiner vitalen Kraft und ihrem Gebrauch im Leben abgeschnitten. Die vitale Kraft war in seinem System derart mit Gewalt durchsetzt, dass er die gesunde Form ihrer Stärke niemals erfahren hat und sich daher bei ihm ein entsprechendes

Unterscheidungsvermögen gar nicht herausbilden konnte. Dadurch kann er leicht dem Machtmissbrauch durch andere zum Opfer fallen. Er hat dem ja nichts entgegenzusetzen, weil sich durch die pauschale Verurteilung von Gewalt noch kein Unterscheidungsvermögen für den angemessenen Gebrauch der eigenen Kraft zur Abgrenzung gegenüber der Gewalt anderer entwickelt. So werden die eigenen Bedürfnisse sowie der eigene Raum dem totalen Gewaltverzicht zuliebe vorschnell aufgegeben. Vitale Kraft ist in ihren vielen Formen sowohl Abwehrkraft, d. h. die Inanspruchnahme des eigenen Raumes und dessen Schutz, als auch ein Vorwärtsimpuls ins Leben hinein – also die maßgebliche Lebensbewegung zur Entfaltung des eigenen Potenzials. Erst durch das Sichtbarmachen des historischen Kontexts, in dem die Gewalt konkret entstanden ist, kann sich der Abdruck der Gewalt in den Inneren Gestalten eines konkreten Menschen in vitale Kraft zurückverwandeln und das seelische Unterscheidungsvermögen entstehen. Der Umgang mit Gewalt im Rahmen von Voice Dialogue vollzieht sich daher wertungsfrei, also weder psychologisierend noch moralisierend, sondern er orientiert sich ausschließlich an seinem konkreten historischen Kontext. Voice Dialogue deutet nicht, sondern macht verdrängte Existenzielle Grenzerfahrungen wieder erfahrbar.

Im Feld der Täter- und Opferdynamik suchen sich diejenigen, die mit der Opferrolle identifiziert sind, paradoxerweise ungewollt und unbewusst Situationen, Umstände und Beziehungen, die ihnen ermöglichen, wieder Opfer zu sein. Andere aus dem gleichen Feld wollen in Gegenreaktion auf das vorherrschende Opfermuster auf gar keinen Fall jemals zum Opfer werden und entwickeln Überlebensstrukturen, die es auch tatsächlich schaffen, sich erfolgreich abzugrenzen. Die Abgrenzung wird somit nach außen das vorherrschende Verhaltensmuster. Allerdings geht die Dynamik im Inneren trotzdem weiter, und manche werden zu Tätern an sich selbst, was sich dann in Unfällen und körperlichen Symptomen zeigen kann. Andere wiederum führen unbewusst Umstände herbei, in denen sie sich erneut und sogar verstärkt behaupten und abgrenzen müssen, um nicht tatsächlich zu Opfern zu werden. Beide Muster, die Wiederholung des Opfermusters wie die Abgrenzung von ihm im Außen, haben als gemeinsamen Nenner einen Zwang, der kein wirkliches und eigenes Leben zulässt.

In der Transgenerationalen Inneren Gestalt (TIG) wird die Spannung der transgenerationalen Dynamik stets aufrechterhalten und bleibt deshalb auch in ihrer Wirkung lebendig. Die hervorragende Vormachtstellung der Transgenerationalen Inneren Gestalten gegenüber dem individuell-persönlichen erwachsenen Bewusstsein resultiert gerade aus der transgenerationalen Dynamik, die nicht persönlich, sondern überpersönlich wirkt. Das im transgenerationalen Rahmen Verdrängte besitzt eine Kraft, die als überflutendes Feld weit über das Maß des Persönlichen hinausgeht und sich überall im Familiensystem Raum schafft. Das erwachsene Bewusstsein untersteht somit dem Kuratorium der Transgenerationalen Inneren Gestalten und ist weitgehend unterschiedslos mit ihnen identifiziert.

2.7 Perimortale Bewusstseinszustände der Ahnen

Eine weitere große Sogwirkung im familiären Unbewussten geht von den nicht vollzogenen Seelenbewegungen der Ahnen im Kontext des Sterbens aus (deshalb perimortal, im Zeitraum um den Tod). Es handelt sich genau genommen um Existenzielle Grenzerfahrungen während des Sterbens, die die äußeren Todesumstände wie auch ihr inneres Erleben mit einschließen, also nicht abgeschlossene Bewegungen der Seele im Sterben, und zwar meist als Folge eines schnellen, gewaltsamen oder auch langsamen und qualvollen Todes. Die Existenziellen Grenzerfahrungen werden begleitet von Hass, Sehnsucht nach Rache und Vergeltung, Sturm der Vorwürfe, Schuldzuweisungen, aber auch Selbstvorwürfen, schwerer seelischer Last der Schuld, Vergeblichkeit und Sinnlosigkeit derjenigen, die der Gewalt zum Opfer gefallen sind. Die perimortalen Bewusstseinszustände der Ermordeten, Abgetriebenen, Erhängten, im Krieg Erschossenen, von Granaten Zerrissenen, in großen Schmerzen oder gar im Wahn Verstorbenen bilden sich in den Inneren Gestalten ab und bleiben dem System als Grundstimmung erhalten. In ihnen ist die ganze Täter- und Opferdynamik aufgehoben und wirkt im familiären Unbewussten weiter. So erschließt sich die unheimliche Landschaft der „Untoten", selbst wenn die Betreffenden schon de facto hundert Jahre oder länger tot sind. Die später Geborenen nehmen diese perimortalen Bewusstseinszustände über das Unbewusste ihrer Eltern als ihre ebenfalls unbewussten Grundlagen auf und verinnerlichen sie als eigene Vorlagen. Sie äußern sich dann in ihrem Leben als ein Zug aus dem Leben hinaus. Dies sieht man deutlich an den unheimlichen Inneren Gestalten, in denen sich die perimortalen Zustände komplex abbilden, denn der gleiche Zug aus dem Leben hinaus geht mit ganzer Wucht von ihnen aus und erfasst das Bewusstsein. Durch Verstrickung werden sie zu Trägern dieses Zuges in der Seele, die sich dann „auf diesem Zug" befindet. Das bewusste Ich bildet sich – nach Maß und Art des Geistes – in den diesen Zug verdrängenden, bzw. abschirmenden Überlebensstrukturen heraus, die kompensatorisch auf diese unbewusste Grundlage reagieren, ohne jedoch ihre Wirkung aufheben zu können. Es kann ja immer nur eine Reaktion auf die unbewusste Grundlage sein, denn diese geht der eigenen Biografie chronologisch vor. In der

Seele des Einzelnen der späteren Generationen wird die Grenze zwischen Diesseits und Jenseits, Leben und Tod daher als fließend wahrgenommen, da genau diese Grenze in der Inneren Gestalt aufgehoben ist, und dies gleich im doppelten Sinne. Die aufgehobene Grenze ist nicht mehr vorhanden und zugleich bleibt gerade ihr Nicht-Vorhandensein erhalten – es ist in der Inneren Gestalt aufgehoben. Die auf diese Weise abgebildete Innere Gestalt bildet somit die Quelle des Zuges aus dem Leben hinaus. Dieser Zug umfasst eine große Spannweite von Erscheinungsformen, und zwar vom deutlich suizidalen Drang über unbewusste Tendenzen dieser Art wie zum Beispiel auffälligen Leichtsinn, sich von Gefahr geradezu angezogen zu fühlen, aber auch merkwürdige Zustände von Geistesabwesenheit. Der Zug kann sich in lebensbedrohenden Krankheiten und Unfällen zeigen, aber auch an einer Art Zaungastposition dem eigenen Leben gegenüber, also ohne eine wirkliche Teilnahme. Häufig tritt auch eine schwebende Unverbindlichkeit den Lebensbelangen gegenüber ein, die sich wie ein roter Faden durch das Dasein zieht. Das Verdrängen und Nicht-Thematisieren dieser machtvollen Dynamik ist einerseits verständlich, doch andererseits genauso gefährlich, da es den Zug aus dem Leben nicht auflöst. Die unerschrockene Ansprache jener Inneren Gestalten ist die Voraussetzung für ihr Herauslösen aus dieser perimortalen Dynamik, und sie dient gerade der Hinwendung zum Leben.

Die perimortalen Bewusstseinszustände haben eine immense Kraft. Sie sind zwar keine Entitäten, da ihre ursprünglichen Träger längst tot sind, doch paradoxerweise greifen sie im Hier und Jetzt stark ins Leben ein. Ihr Vorhandensein zeigt sich in der Wucht ihrer wirkenden Zustände. *„Wirklichkeit ist, wie das deutsche Wort besagt, das, was wirkt"* (Jung 1957, S. 145).

2.8   Das kulturelle Unbewusste

Auch das familiäre Unbewusste besteht allerdings nicht isoliert für sich. Es ist in einem noch tieferen kulturell-historischen Kontext aufgehoben. Der Jungianer Joseph Henderson schreibt: *„A great deal of what Jung called personal was actually always culturally conditioned. […] in its participation with her [mother] and other members of the family, the child also receives its first real orientation to the whole culture in which they all have been molded"* (*Henderson* 1990, S. 104 f.). Das führt zu der Feststellung, dass die Inneren Gestalten in uns auch Träger von Kulturmustern sind, die wir mit der Kultur teilen, in die unser Familiensystem eingebunden ist. Man kann einen Menschen zwar aus seiner Kultur herausnehmen, doch nicht die kulturellen Muster mit ihren Prägungen aus einem

Menschen. *„Was einem angehört, wird man nicht los, und wenn man es weg-würfe"* (Goethe). Kulturelles Unbewusstes entstand vor allem im Prozess der Abgrenzung und Auseinandersetzung mit anderen Kulturen – im Antagonismus. Es entwickelte sich in einem Identität stiftenden, allerdings häufig auch vernichtenden Kampf gegen andere Kulturen. Im Falle der christlichen Staaten Mitteleuropas bestand er im Mittelalter in der Abgrenzung gegenüber dem Osmanischen Reich, während der deutsche Nationalstaat in drei sprichwörtlichen Einigungskriegen entstand. Kulturmuster und die davon abgeleiteten Werte sind also in der Tiefe des Unbewussten durch kulturhistorisch gebundene Existenzielle Grenzerfahrungen geprägt, die im wahrsten Sinne des Wortes zu Grenzen geführt haben. Es soll nicht vergessen werden, dass die heutzutage angepriesenen Werte der Toleranz und Zusammenarbeit nicht abstrakt und frei verfügbar für sich stehen, sondern ein Derivat der jahrhundertelangen existenziellen Auseinandersetzungen sind. Damit sind diese Werte auch kulturspezifisch und nicht ohne Weiteres auf Kulturen zu übertragen, die einen anderen geschichtlichen Werdegang vollzogen haben.

Das Feld der Dämonen des 20. Jahrhunderts, vorgedacht von Fjodor M. Dostojewski wie auch von Friedrich Nietzsche, manifestierte sich im Ersten Weltkrieg, im Kommunismus, im Nationalsozialismus sowie im Zweiten Weltkrieg und fand somit durch die Traumatisierung ganzer Völker und Volksgruppen Eingang in jedes davon betroffene Familiensystem. Von dort setzte es sich im Laufe der Generationen in den Seelen der später Geborenen fest. Die protokollarischen Aufzeichnungen von Sabine Bode („Kriegsenkel", „Die vergessene Generation" u. a.) sind ein lebendiges Zeugnis von den Nachwirkungen der Weltkriege bis in die Gegenwart. Mitteleuropa, in erweiterter Form auch ganz Europa, ist ein geschichtsträchtiges Schicksalsfeld, in das man durch Geburt tausendfach verstrickt ist. So gesehen sind Europa und seine Regionen gleichbedeutend mit einer spezifisch eigenen Seelenprägung. Das europäische Unbewusste ist darüber hinaus geschichtlich und kulturell christlich geprägt, einfach schon deshalb, weil das Christentum eine identitätsstiftende Kraft in der Geschichte Europas darstellt. So begegnet man im Unbewussten eines Europäers der ganzen Tragweite dieser christlichen Prägung, unabhängig davon, ob die Person gläubig ist oder nicht.

Das gilt allerdings in gleichem Maße auch für andere geografisch-historische Gebilde und Kulturen, wenn auch jeweils spezifisch unterschiedlich. In jedem von uns wirkt die Wucht vieler Schicksale, die gerade in diesen Auseinandersetzungen über Jahrhunderte geprägt wurden. Sie machen unsere Kultur aus und bilden die Grundlage unserer Wertegemeinschaft.

Das kulturelle Unbewusste ist die Quelle machtvoller transgenerationaler Überlebensstrukturen, denen demokratische oder egalitäre Werte eher fremd sind.

So ist man heutzutage oft bestrebt, archaisch wirkende Kulturmuster wie z. B. die klare Abgrenzung gegenüber andersartigen kulturellen Wertesystemen, den wachsamen Schutz des eigenen Territoriums sowie die wehrhafte Selbstbehauptung möglichst auszublenden, doch das Archaische im Unbewussten rächt sich für diese Ausblendung mit seiner Rückkehr. Die Folge der Ausblendung ist das mangelhafte oder gar nicht entwickelte Unterscheidungsvermögen den wirklichen politischen und sozialen Gefahren gegenüber. Das nicht Unterscheidenkönnen führt zum Nicht-Thematisieren wirklicher Gefahren, das funktional dem Verdrängen gleichkommt und den Boden dafür bereitet, dass sich die gleiche unheilvolle Geschichte wiederholen könnte. Dagegen scheint die kulturelle Aufgabe vielmehr darin zu bestehen, das Verdrängte mit Bewusstsein zu durchdringen, was im Prinzip der Entstehung des historischen Bewusstseins sowie eines wachen und differenzierten Unterscheidungsvermögens im Menschen gleichkäme. Das Denken, als ob es Geschichte nicht gäbe, also ein geschichtsvergessenes Denken, ist de facto ein Nicht-Denken als Form der Verdrängung.

Zur erfolgreichen Anwendung des Voice Dialogue bedarf es daher wesentlich mehr als nur einer politisch oder therapeutisch korrekten Ideologie, denn es geht dabei weder um Korrektes noch Inkorrektes, sondern um etwas viel Wichtigeres, nämlich um ein sich Hineinversetzen in den historisch-kulturellen Rahmen, der die jeweilige Existenzielle Grenzerfahrung eines Menschen prägte. Erst das Sichtbarmachen, auf welche Weise sich die politischen Mythen und das Totalitäre wie z. B. die Ideologien des Nationalsozialismus sowie des Kommunismus in der Innenstruktur des Einzelnen abgebildet haben und dort fortwirken, ermöglicht ein tieferes Verständnis für einen Menschen. Dies ist der erste Schritt hin zu einer wirklich autonomen Neugestaltung des individuellen Innenraumes und ungleich mehr als eine zwanghafte und politisch korrekte Gegenreaktion auf totalitäre Strukturen.

Es bedarf dabei einer soliden Kenntnis der Geschichte und einer nicht wertenden, jedoch genau unterscheidenden phänomenologischen Sichtweise. Darin unterscheidet sich Voice Dialogue grundlegend von anderen therapeutischen Richtungen. Wohlmeinende Toleranz als therapeutischer oder politischer Ansatz und Anspruch, der von außen als eine Norm herangetragen wird, verschließt dagegen die Inneren Gestalten vollständig. Sie zeigen sich erst gar nicht, oder ein solches Verhalten provoziert nur ihren Spott, zumal sie gegen alle Änderungsversuche von außen bestens gewappnet sind. Da sie durch Existenzielle Grenzerfahrungen persönlicher und historischer Natur geprägt sind, haben demgegenüber bloße Meinungen und ideologisierte Normen kein Gewicht. Es handelt sich hier um zwei verschieden Kategorien, die nicht verwechselt werden dürfen.

Die Inneren Gestalten als Machtzentren fühlen sich erst dann angesprochen, wenn man ihnen energetisch mit gleicher Macht gegenübertritt und durch die Andeutung historischer Bilder und Szenarien ihren Ursprung in Resonanz bringt. Das bedeutet für den Begleiter allerdings, dass er dieses mächtige Wirkfeld des kulturellen Unbewussten für sich nicht zum Tabubereich erklärt haben darf, noch, dass er aus Angst davor zurückschreckt.

2.9   Das Gruppengewissen nach Bert Hellinger

Mit den unbewussten Kulturmustern eng verwandt ist der Begriff des Gruppengewissens, das Bert Hellinger formuliert hat. Das Gruppengewissen ist keine Abstraktion, sondern ein Ausdruck kollektiver Überlebensstrukturen, das sich als eine Innere Gestalt im Einzelnen abbildet und als eine Stimme des Gewissens wirkt. Schon Nietzsches bekannter Aphorismus gibt uns einen Einblick in die Beschaffenheit dieser zu uns sprechenden inneren Instanz: *„Der Glaube an Autoritäten ist die Quelle des Gewissens: es ist also nicht die Stimme Gottes in der Brust des Menschen, sondern die Stimme einiger Menschen im Menschen"* (*Nietzsche* 2016, S. 392). Hellinger knüpft später genau hier an:

> Um das gute und schlechte Gewissen ranken sich viele Vorstellungen und Mythen, die sich nicht überprüfen lassen. Sie räumen dem Gewissen einen Stellenwert ein, der ihm von dem, was erfahrbar ist, nicht zukommt. Dazu gehört die Behauptung, das Gewissen sei Gottes Stimme in unserer Seele, und dass wir ihm daher unter allen Umständen folgen müssen. Wenn dies so wäre, müssten alle Menschen das gleiche Gewissen haben, was offensichtlich nicht zutrifft. Sonst könnten sich ja bei einem Krieg oder anderen Konflikten die Gegner nicht mit dem gleichen guten Gewissen bekämpfen. Das Gewissen sichert in erster Linie unsere Zugehörigkeit zu den uns wichtigen Gruppen, vor allem der Gruppen, von denen unser Überleben abhängt. Es bindet uns an diese Gruppen, was immer diese von uns auch verlangen (Hellinger 2005, S. 45).

Durch die Arbeit mit den Inneren Gestalten wird die Stimme dieser transgenerationalen Überlebensstrukturen, die einen durch das „gute" und „schlechte" Gewissen lenken, erst deutlich. Sie lenken auch durch das selbst auferlegte Denkverbot, das zugleich eine Denkvorgabe innerhalb eines großen Kollektivs werden kann – z. B. einer ganzen Nation, die dann in eine kollektive Trance der Ausblendung verfällt. Die unbewusste kollektive Übereinkunft besteht im Nicht-Denken bestimmter Inhalte, selbst wenn sie offensichtlich sind.

Wenn auch äußerst ungern, geben die Inneren Gestalten im Klienten dem Begleiter doch Auskunft darüber, wie sie sein erwachsenes Bewusstsein unbemerkt lenken. Das Erfassen der Inneren Gestalt verlangt besonders an dieser Stelle eine längere Erfahrung und eine gewisse Geisteskraft, da ein Teil ihrer Macht gerade darin besteht, im Verborgenen zu bleiben. Raffiniertes Tarnen und Täuschen sind ihre Strategie, sodass man ihr nur mit voller Wachheit und Präsenz auf die Spur kommen kann.

Zur Schärfung des seelischen Unterscheidungsvermögens lohnt es sich, den Ausführungen von Bert Hellinger hier noch ein wenig weiter zu folgen:

> Das Gewissen dient also weniger dem Überleben des Einzelnen als dem Überleben der Gruppe. Es ist in erster Linie ein Gruppengewissen. Nur wenn wir das erkennen und ernst nehmen, verstehen wir viele Verhaltensweisen bei uns und bei anderen, die sonst seltsam oder abwegig erscheinen. Um dazuzugehören, unternimmt der Einzelne alles, was in der ihm wichtigen Gruppe von ihm verlangt wird. Daher hat er, wenn er in dieser Gruppe seinem Gewissen folgt, kein unabhängiges Selbst und kein unabhängiges Ich. Was immer er als sein Selbst und eigenes Ich in der Gruppe erfährt, ist im Grunde das Selbst und das Ich der Gruppe. Daher geraten viele Menschen in einer Gruppe so schnell außer sich und verlieren ihre Besonnenheit und ihr Unterscheidungsvermögen. Vor allem werden sie dann oft guten Gewissens für andere unheimlich und gefährlich. [...] Die Dominanz der Gruppe über den Einzelnen führt zu kollektiven Überzeugungen und zu kollektivem Handeln, die nüchterner Betrachtung nicht standhalten, diese aber zugleich verhindern und verbieten. Hier wird deutlich, welche Leistung es dem Einzelnen abverlangt, sich aus den Fesseln des Gruppengewissens und seiner Vorgaben zu lösen. Er muss die Furcht vor den Sanktionen überwinden, die ihm von denen, die in den Überzeugungen und Vorgaben ihrer Gruppe verharren, angedroht und auferlegt werden. Erst jenseits dieser Furcht kann er sich der Wirklichkeit aussetzen, wie sie sich von sich aus zeigt, und kann jenseits des Gewissens jene Einsichten gewinnen, die ihn aus der Blindheit und den Zwängen des Gewissens befreien, wenn auch vielleicht nur zum Teil (Hellinger 2005, S. 46).

2.10   Das kollektive Unbewusste

Da das Verstrickt- und Gespaltensein im persönlichen Unbewussten mit den Trauma- und Tabuthemen des familiären Unbewussten eng verflochten sind, stehen die Inneren Gestalten auch nicht von ungefähr mit den ewig menschlichen, archetypischen Themen des kollektiven Unbewussten in einer Resonanz. Umgekehrt wären die archetypischen Urthemen keine ewig menschlichen, wenn sie nicht auch in ständigen Neuauflagen im persönlichen und familiären Kontext vorkämen. *„Archetypen sind Erlebniskomplexe, die schicksalsmäßig eintreten, und zwar beginnt ihr Wirken in unserem persönlichsten Leben"* (Jung 1957, S. 40).

Die persönlichste Vorlage für die eigene Biografie ist jedoch das je vorgegebene Familiensystem. Das Nicht-Erfassen seiner Diversität stellt daher ein kaum zu überschätzendes Risiko bei der Arbeit mit Inneren Gestalten dar, da sie vor allem den spezifischen Existenziellen Grenzerfahrungen im System entspringen. So kann man zwar auf gemeinsame Elemente in der Tiefe des kollektiven Unbewussten hinweisen und die Inneren Gestalten mit ihren mythologischen Vorbildern in Resonanz bringen, allerdings kann sich das Spezifische ohne Inbezugsetzung zu seinem konkreten Ursprung auch entziehen. Infolgedessen läuft der Dialog mit der Inneren Gestalt Gefahr, an ihrer spezifischen Realität vorbeizugehen.

2.11   Die Zentrale Geistesgestalt als vielschichtiges geistiges Feld

Wie wir bereits festgestellt haben, bildet der Geist für die gespaltene Seele einen Schutzrahmen. Insofern gewährt er als zentrale Überlebensstruktur dem durch Trauma verwundeten und abgespaltenen Seelenanteil seinen Schutz, indem er ihn verdrängt hält. Die geistige Überlebensstruktur ist allerdings genau durch dieses Verdrängthalten funktional an den seelischen Anteil gebunden und kann sich auch nicht von ihm lösen. Genauso wie die Seele durch mehrere Schichten des Unbewussten wirkt, wirkt auch der Geist als eine vielschichtige Gestalt, die durch Erfahrungen der Ahnen geformt ist. In seiner Verdichtung wird er zu einem unbewussten zentralen Kraftfeld und Machtzentrum, das wir daher Zentrale Geistesgestalt (ZGG) nennen.

ZGG ist zwar eine Innere Gestalt, jedoch eine derart vielschichtige, dass sie in ihrer Entfaltung einem Hologrammfeld gleicht, das auch destruktive Elemente in sich birgt und diese zurückhält (vgl. Abb. 2.3 „Zentrale Geistesgestalt"). Die Tragweite des Geistes geht um ein mehrfaches über die Tragweite des erwachsenen Bewusstseins hinaus. Es ist daher nicht zutreffend, wenn wir die Qualitäten dieses Feldes uns selber zuschreiben. Wir verfügen zwar in einem gewissen Grade über die Qualitäten des Geistes, vielmehr jedoch verfügt dieser kraft der von ihm gebildeten Überlebensstrukturen über uns. Dieses Kraftfeld erscheint durch die Methode von Voice Dialogue als ein kaskadenartig aufgebautes Machtgefälle der Inneren Gestalten, die durch genau festgelegte Schutzfunktionen und Rollen agieren und so ihre Wirkung entfalten (vgl. Abb. 2.4 „Feldstärke der Inneren Gestalten").

Der Geist der Gnade
Der Einzelne innerhalb des Systems, in das er hineingeboren wird, ist von Anfang an besetzt von dieser Schutzinstanz geistiger Art. Dies geschieht zu seinem

Abb. 2.3 Zentrale
Geistesgestalt

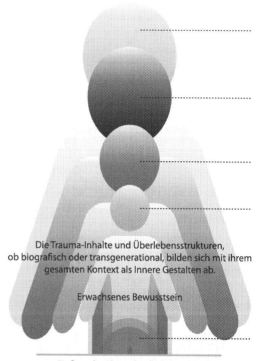

II.

Zentrale Geistesgestalt als vielschichtiges geistiges Feld
Macht und Umfang der Inneren Gestalten deuten
zugleich auf den Umfang und die destruktive Wucht
des Verdrängten hin.

Die Trauma-Inhalte und Überlebensstrukturen,
ob biografisch oder transgenerational, bilden sich mit ihrem
gesamten Kontext als Innere Gestalten ab.

Erwachsenes Bewusstsein

Einfluss der Eltern, kindliche Anteile

eigenen Schutz, da das persönliche Maß an Kraft, zumal das eines Kindes, diesen nicht gewährleisten kann. Das Besetztwerden durch den Geist ist der beste, da wohl auch einzige Schutz des fragilen Menschlichen gegen die vernichtende Flut aus dem Abgrund des Familiensystems.

Diese Liebe des Geistes nimmt in den konkreten Formen der Überlebensstrukturen eines Menschen Züge an, die allerdings nicht im Geringsten an Liebe im menschlichen Sinne erinnern: undurchsichtige, unpersönliche und harte Mauern des Schweigens sowie der überpersönlichen Macht, die das ganze Feld

III.

Zentralsymptom

Haupttendenzen

Grundthema

persönliche Tragweite

transgenerationale Tragweite

Die Inhalte des Unbewussten
werden durch die Inneren Gestalten
getragen, und der Mensch befindet sich
im Innen wie im Außen unter ihrem
Machteinfluss.

Keineswegs befindet er sich
auf der gleichen Ebene mit ihnen.
Die Inneren Gestalten bilden eine
verborgene Hierarchie von Machtzentren,
die das Bewusstsein beherrschen,
während selbiges sich der Illusion
seiner Überlegenheit hingibt.

Erwachsenes Bewusstsein

Abb. 2.4   Feldstärke der Inneren Gestalten

beherrschen. Man soll allerdings nicht vergessen, wogegen diese unerschütterliche Mauer des Verdrängens aufgestellt wurde: gegen die Bestialität und Gewalt, die oft gerade durch die Menschen kommt und das Leben vernichtet. Der Geist der Gnade ist gewissermaßen der Anwalt des Menschlichen im Menschen gegen das abgrundtiefe Böse, das ja ebenfalls in Menschen und nicht außerhalb von ihnen besteht. *„Die menschliche Natur ist unendlicher Bosheit fähig, und die bösen Taten sind so wirklich wie die guten"* (Jung 1990, S. 64).

So schützt der Geist die Menschen vor allem gegen die Menschen selbst. Da er sich nicht auf das anfällige und unzureichende Unterscheidungsvermögen zwischen Gut und Böse im Menschen verlassen kann, erstreckt sich seine schützende Gewalt in Form von Überlebensstrukturen präventiv über den ganzen Bereich des menschlichen Lebens. Diese Überlebensstrukturen sind jedoch nicht in der Lage, die Wirkung der bedrohlichen Felder aufzuheben, und so verbleibt der Mensch in einem ständigen Ineinander- und Gegeneinanderwirken der Kräfte. Das Dasein gestaltet sich so, wie es bereits Goethe im „Faust" archetypisch zum Ausdruck gebracht hat:

[Prolog im Himmel]
Mephistopheles:
Was wettet Ihr? den sollt Ihr noch verlieren!
Wenn Ihr mir die Erlaubnis gebt,
Ihn meine Straße sacht zu führen.

Der Herr:
Solang er auf der Erde lebt,
So lange sei dir´s nicht verboten,
Es irrt der Mensch so lang er strebt.

Das Numinose des Geistes

ZGG trägt als Feld nicht selten eine numinose Tiefe und Kraft, derer sich der Begleiter im Voice Dialogue gewahr sein sollte. Der Welt, in der Menschen scheinbar nichts Besseres zu tun haben, als einander Leid zuzufügen, hat sie den Rücken gekehrt. Es kommt ihr höchst sinnlos vor, sich der Welt auszusetzen oder sich in der Welt für etwas einzusetzen. Diese Weltabgewandtheit ist ihre Heimstätte in der Seelenlandschaft des Menschen. In dieser „Anderswelt" (Jochen Kirchhoff) ist ihr Zuhause, das jedoch stark in die menschliche Sphäre hineinragt. Sie kann einen förmlich erschaudern lassen und zeigt sich, wie Rudolf Otto treffend beschreibt, als

Gefühl des mysterium tremendum, des schauervollen Geheimnisses. Das Gefühl davon kann mit milder Flut das Gemüt durchziehen in der Form schwebender ruhender Stimmung versunkener Andacht: es kann so übergehen in eine stetig fließende Gestimmtheit der Seele die lange fortwährt und nachzittert bis sie endlich abklingt und die Seele wieder im Profanen läßt. Es kann auch mit Stößen und Zuckungen plötzlich aus der Seele hervorbrechen. Es kann zu seltsamen Aufgeregtheiten, zu Rausch, Verzückung und Ekstase führen. Es hat seine wilden und dämonischen Formen. Es kann zu fast gespenstischem Grausen und Schauder herabsinken. Es hat seine rohen und barbarischen Vorstufen und Äußerungen. Und es hat seine Entwicklung ins Feine, Geläuterte und Verklärte (1947, S. 12 f.).

Das Numinose lässt sich per se nicht kategorisieren, jedoch erfahren. Für den Begleiter im Voice Dialogue ist dessen Erleben ein wichtiges energetisches Unterscheidungsmerkmal bei der Begegnung mit der ZGG. Eine numinose Scheu oder Furcht ist in diesem Falle etwas ganz Natürliches, da auch der Begleiter von diesem Feld des weltabgewandten Geistes erfasst wird.

Gestalt des Geistes in den Träumen
Die Zentrale Geistesgestalt spiegelt uns nachts durch Träume das, wo wir uns im Leben befinden. Dies geschieht allerdings nicht aus der Perspektive der linearen Zeit und der daran gebundenen Ziele des Bewusstseins, sondern aus der überzeitlichen Perspektive des Seelengestalters, der ZGG.

In der mehrgenerationalen Seele wirken durch die Verstrickung mit dem Ahnenfeld neben den individuellen Schichten auch die perimortalen Bewusstseinszustände der Ahnen sowie die Täter- und Opferdynamik. In ihrem Ineinandergreifen tragen diese Felder gegebenenfalls auch dämonische Züge, die sich als Innere Gestalten abbilden. Da wir uns im Leben auf dem Zuge der Verstrickungen in all diese Felder befinden, werden all ihre Folgen durch die Träume und Traumgeschehnisse gespiegelt. Die archetypisch zeitlosen Traumsymbole sind dabei oft mit dem Tagesgeschehen derart vermengt, dass sich daraus eine Art Collage ergibt, in der das Numinose des Geistes in das Profane des Alltags hineinwirkt. Da die Inneren Gestalten die Träger und Beweger der Verstrickungen und Haupttendenzen im Leben sind, sind es eben auch ihre Bewegungen, die in den Träumen gespiegelt werden.

Die Instanz des transgenerationalen Verdrängens (ITV)
Die ZGG bildet sich konkret als eine Vielzahl von Überlebensstrukturen aus. Sie ist der mehrschichtig gebildete zentrale Schutzwall gegen die Überflutung aus den Täter- und Opferdynamiken im Familiensystem und wirkt in dieser Funktion als kulturhistorisches, familiäres und generationsübergreifendes Machtzentrum des Verdrängens. Deshalb auch ihr Name „Instanz des transgenerationalen Verdrängens (ITV)", das wie ein Damm die destruktive Flut dieser Dynamiken einigermaßen zurückhält. Sie ist kraft des Verdrängens auch die Quelle eines genauso machtvollen Widerstandes, der das erwachsene Bewusstsein einer Person besetzt hält. Dieser Widerstand richtet sich primär gegen jedes Infragestellen der bis jetzt so hart erarbeiteten Stabilität.

Die ITV waltet innerhalb des Systems als eine unbewusst wirkende Kontrollinstanz, von der jedes Systemmitglied unbewusst besetzt ist. Sie legt fest, was tabu ist, was in Erinnerung behalten wird und was in Vergessenheit gerät. Aus ihr entspringen die präventiven Strategien, die jede Erinnerung an schmerzhafte Erfahrungen in Aktivitäten ersticken. Sie bestimmt damit das äußere Verhalten als auch das innere Erleben eines Einzelnen, wie auch das einer Familie oder einer Gruppe. Die ITV diente wie alle Überlebensstrukturen ursprünglich dem puren Überleben, indem es das Überleben des Opfers in schwer vorstellbaren Umständen ermöglichte oder das Gewissen des Täters vor unerträglich schwerer, lebenslanger Schuld bewahrte. Später – nach Generationen – wird eben diese zum Schutz des Überlebens etablierte Instanz ihrer Zwanghaftigkeit wegen zum größten Hindernis des Lebens selbst. Der Ursprung dieser beschränkenden Wirkung ist jedoch am Überleben orientiert und muss im Voice Dialogue auch in diesem Lichte gesehen und angesprochen werden. Denn nur in dieser Haltung können wir mit der ITV in den Dialog eintreten.

2.12 Tabuthemen und ihre Dynamik

Wie erwähnt, hält die Instanz des transgenerationalen Verdrängens vor allem Tabuthemen verdrängt, die allerdings ihre Wirkung aus dem Verborgenen entfalten und so das Leben weiter in ihrem Bann halten. Wenn wir nun mit der ITV zu arbeiten beginnen, geraten daher unweigerlich auch die Tabuthemen in Schwingung. Es sind Gestalt gewordene Felder, die bildlich gesehen die Form einer in sich drehenden Spirale haben, deren Mitte ein Tabuthema darstellt. Die Symptome treten als ein Signal nun verstärkt in Erscheinung, während sich das zugrunde liegende Thema umso mehr entzieht. So verstärkt sich auch innerhalb des ganzen Systems sowohl die zentrifugale Kraft von Chaos als auch die Kraft, die sie verdrängt hält: die Instanz des transgenerationalen Verdrängens – ITV. Das Verdrängen von Tabus zeigt sich sowohl in der Gruppe, im Familiensystem, als auch beim Einzelnen als auffallende Blindheit dem Zentralthema gegenüber. Umso mehr werden jedoch die Randerscheinungen als das Wesentliche präsentiert und das Umfeld wird von der betroffenen Person verstärkt durch Randerscheinungen überflutet, was gleichzeitig als unbewusster Abwehrmechanismus dient.

Tabuthemen sind insofern schwerwiegender als andere Existenzielle Grenzerfahrungen, als sie in ihrer Unfassbarkeit und somit Unaushaltbarkeit die menschliche Seele ganz zu zerreißen drohten, wenn sie nicht durch einen Anflug von Wahnsinn und Zwang vollkommen ausgeblendet würden. Deshalb wird die Ausblendung auch stets vom energetischen Hauch des Wahns begleitet. Dies alles bildet sich in der Inneren Gestalt ab, die folglich über eine leuchtende Strahlkraft, ungemeine Energie sowie einen unwiderstehlichen und oft anziehenden Charme verfügt. Dies kann sich nicht selten zu einer gewissen „Erotik des Wahnsinns" steigern, einer sogartigen Energie, mit der das Umfeld betört wird. Kraft dieser Energie kann sich die Innere Gestalt über die Realität hinwegsetzen, sie ausblenden, beliebig relativieren und stellvertretend durch Visionen und Ideen ersetzen. Daher ist es kein Wunder, dass sich die Person auch leicht einer psychiatrischen Diagnose entziehen kann. Der Realitätsverlust wird jedoch in den wichtigsten Lebenseinstellungen, Handlungen und Weltanschauungen sichtbar, insbesondere, wenn er bei der Arbeit mit den Inneren Gestalten fokussiert wird. Da der Realitätsbezug und die Konfrontation mit der verdrängten Realität dem Zerreißen und dem Zusammenbruch des inneren Systems gleichkämen, leistet die Innere Gestalt einen erbitterten Widerstand.

Die Grenzen des Geistes

Summa summarum wirken Überlebensstrukturen wie ein Abschirmungsschutz. Das Lebensbedrohende wird abgeschirmt, gleichzeitig werden allerdings auch die Bewegungsfreiheit in der Welt und die Entfaltung des Potenzials eingeschränkt. Das, was einst das Überleben und Weiterkommen sicherte, wird aufgrund seiner Rigidität mit der Zeit zur größten Bremse und als Blockade erlebt. Bei der Aufweichung dieses einschränkenden Schutzes erlangen wir also zuerst nicht die ersehnte Freiheit und Ausdehnung unseres Potenzials, sondern werden nolens volens mit dem Chaos und dem Schmerz konfrontiert, die bis dahin generationsübergreifend wie auch persönlich abgeschirmt und verdrängt gehalten wurden.

> Der Gegenspieler zum Zwang ist nicht immer die Freiheit, sondern oft das Chaos, die Anarchie (Szondi 1977, S. 46).

Erst die methodologisch geleitete Konfrontation mit den Traumainhalten kann diese transformieren und in neues Potenzial verwandeln. Die starren Überlebensstrukturen weichen auf, gewinnen Unterscheidungskraft und können beweglicher werden.

2.13 Zusammenfassung der Ansätze

Die Heranziehung neuer Erkenntnisse und Methoden der Traumaarbeit in Bezug auf die Externalisierung des Unbewussten durch Innere Gestalten im Rahmen von Voice Dialogue macht die Komplextheorie von C. G. Jung empirisch nachvollziehbar und hebt den einzigartigen Charakter seines Werkes hervor, das seiner Zeit weit voraus war.

Der Ansatz von Szondi schärft den Blick für diejenigen Existenziellen Grenzerfahrungen aus dem Ahnenfeld, die schicksalsgestaltend für die späteren Generationen sind (vgl. Abb. 2.5 „Ebenen des Unbewussten"). Die systemische
Traumaarbeit, die von der Grundlage der Existenziellen Grenzerfahrung und
ihren Folgen ausgeht, erschließt die Tragweite, Komplexität und Diversität des

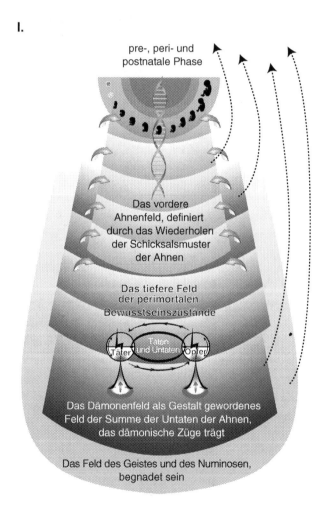

Abb. 2.5   Ebenen des Unbewussten

Ahnenfeldes, die den Einzelnen formen und ausmachen. Das methodologisch wichtige Spaltungsmodell von Franz Ruppert hilft uns, klar und konkret zwischen Trauma- und Überlebensstrukturen zu unterscheiden sowie die fremden Inhalte der Ahnen von den eigenen abgespaltenen Inhalten auseinanderzuhalten.

Dies schafft eine Voraussetzung für die Integration der traumatischen Spaltung, ihre Aufhebung und die Entstehung einer eigenen seelischen Mitte. Der Ansatz von Bert Hellinger ermöglicht es, zu begreifen, warum manche Teile von uns einfach nicht eigenständig denken, sondern von dem Gruppengewissen „gedacht werden" – ein gefährliches Phänomen der Massenpsyche, über das bereits C. G. Jung geschrieben hat. Durchaus erwähnenswert ist auch die Inspiration durch die Gedanken von Martin Heidegger, der sich den Phänomenen der Seele aus einer ganz anderen Perspektive nähert, ebenso wie der theologische Ansatz von Rudolf Otto. Er gibt eine Einführung in die Tiefen des Numinosen, die sich in manchen Inneren Gestalten öffnen und die dem modernen Bewusstsein so fremdartig erscheinen. Darin stellt er aber eine beachtliche Bereicherung dar, und zwar auch als Gegengewicht zur Verflachung unserer modernen Zeit. All diese Ansätze erfahren durch ihre Heranziehung und Inbezugsetzung im Rahmen von Voice Dialogue eine dialektische Lebendigkeit und Aufwertung. Ebenso gewinnt Voice Dialogue durch sie neue Dimensionen hinzu und wird zu etwas ganz anderem, als es bisher bekannt war. In der Tiefe der Inneren Gestalten sind die Fachgrenzen zwischen Coaching, Psychotherapie, Psychiatrie, Seelsorge und Theologie aufgehoben. Voice Dialogue führt vom Unterscheiden der sichtbaren Haupttendenzen in der Seele über ihr Verstricktsein in die Schicksale der Ahnen bis hin zum Unterscheiden geistiger Felder in der Tiefe.

Die Machthierarchie des Unbewussten

3

Die Logik und die Motive der Inneren Machtgestalten entspringen weder der Vernunft noch orientieren sie sich primär an den Gegebenheiten der modernen Welt von heute. Ganz im Gegenteil: Sie sind sowohl der Ab- und Ausdruck mannigfaltiger Schicksale aus dem Ahnenfeld als auch der biografischen Existenziellen Grenzerfahrungen. Damit folgen sie allein der Zwecklogik des Überlebens.

3.1 Vorrang der Existenziellen Grenzerfahrung

Das die Existenz Bedrohende wie das die Existenz Schützende hat einen natürlichen Vorrang vor dem, was dieser existenziellen Grenze nicht entspringt. Von der existenziellen Brisanz und Stärke leitet sich somit in direkter Proportionalität die Machthierarchie der Rollen ab. Es bestehen einige dieser Machtzentren, und je nach Kontext lösen sie einander ab. Für das erwachsene Bewusstsein vollzieht sich die Machtablösung unbewusst, und es wähnt sich in einer geglaubten Ich-Kontinuität. Von der Hauptgestalt und ihrer Rolle, in der die Existenziellen Grenzerfahrungen wirken, werden viele andere Nebenrollen als Folgethemen der seelischen Spaltung abgeleitet.

Diese sind in der Regel auch der Stoff, mit dem sich die Menschen lebenslang vergebens beschäftigen. Vergebens deshalb, weil die Nebenrollen ja nicht aus sich selbst bestehen, sondern, wie im Theaterstück, von der Hauptrolle abgeleitet sind. Aus der vertikalen Dimension der Zeitlosigkeit wirken sich die Hauptrollen in der linearen Zeit des Einzelnen aus, indem sie, bildhaft gesprochen, die alltägliche Bühne des erwachsenen Bewusstseins betreten.

In einer derart vorgegebenen Machthierarchie psychischer Kräfte kann sich das an Kraft und Macht stets unterlegene erwachsene Bewusstsein des Einzelnen

© Springer Fachmedien Wiesbaden 2017
R. Ress und A. Riechers, *Dialog mit dem Unbewussten*, essentials,
DOI 10.1007/978-3-658-14700-6_3

mit seinen durchaus verständlichen menschlichen Wünschen nach mehr Freiheit, Liebe, Nähe, Anerkennung und dergleichen mehr kaum durchsetzen, (vgl. Abb. 3.1 „Innere Gestalten als Wirkungsfelder"). Die Wende des Schicksalhaften kann nur dort erfolgen, wo sie ihren Anfang genommen hat, in der Existenziellen Grenzerfahrung, die in ihren Folgen stets wirkt. Abb. 3.2 fasst noch einmal

Innere Gestalten als Wirkungsfelder

Das Umfeld reagiert wesentlich mehr auf das Wirkungsfeld der verborgenen Machtzentren eines Menschen als auf die Absichten und Wünsche seines Bewusstseins, was besonders in Familienbeziehungen, Partnerbeziehungen und Arbeitsbeziehungen auffällt.

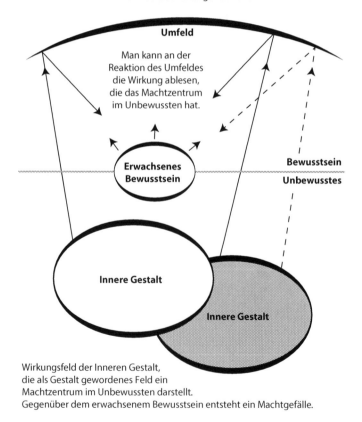

Abb. 3.1 Innere Gestalten als Wirkungsfelder

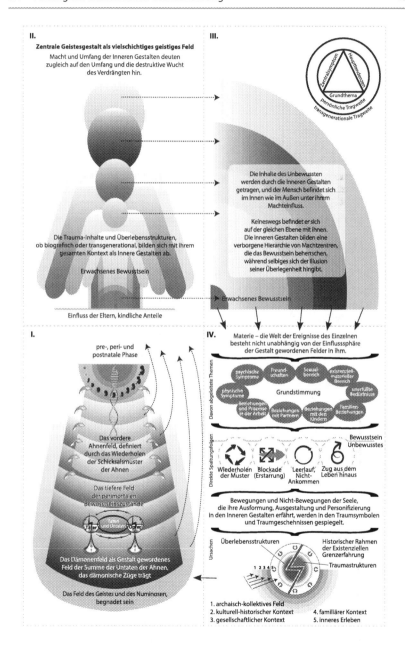

Abb. 3.2 Entstehen und Wirken der Inneren Gestalten

bildlich und schrittweise den Werdegang der Inneren Gestalten zusammen: Ihre Wurzel entspringt dem Urgrund des Ahnenfeldes, das durch die Existenziellen Grenzerfahrungen „gefurcht" ist (Schema I). Durch ihre Abbildung im Einzelnen (Schema II) gelangt ihr prägender Einfluss in das Leben späterer Generationen (Schema III). Die Macht der Gestalt gewordenen Felder erstreckt sich schlussendlich flächendeckend über alle Lebensbereiche (Schema IV).

Hinweis: Das Schema „Entstehen und Wirken der Inneren Gestalten" kann als OnlinePlus-Material auf springer.com/978-3-658-14699-3 in Plakatgröße heruntergeladen werden.

3.2   Voice Dialogue als Prozess des Ent-Rollens

Aus der methodologischen Perspektive von Voice Dialogue werden wir von den Inneren Gestalten aus dem Unbewussten heraus geleitet und gesteuert. Die Beeinflussung ihrer Rollen steht unserem Bewusstsein nicht frei zur Verfügung. Es ist vielmehr umgekehrt: Unser Bewusstsein steht den Inneren Gestalten als Schaubühne zur Verfügung. Die Rolleninhalte werden in dieser Metapher von einem Regisseur „geschrieben", der aus dem gesamten Umfang des familiären Unbewussten schöpft. So entspricht die Rollenvergabe, also das Ein-Rollen, dem Erb- und Zwangsschicksal Leopold Szondis.

Mit zunehmender Reflexionsfähigkeit kann das erwachsene Bewusstsein jedoch ab und zu ins Publikum hinüberwechseln und sich das eigene Ein-Rollen als Theaterstück in eigenen Lebenskulissen als Zuschauer mit ansehen. Dies ist im Wesentlichen der Prozess von Voice Dialogue. Durch das seelische Unterscheidungsvermögen, das nach und nach verinnerlicht wird, entsteht die eigene Qualität des Unterscheidens, die zukünftig von einer Außenreflexion durch andere mehr und mehr unabhängig wird.

Das Vermögen, zwischen den eigenen und den fremden Motiven zu unterscheiden, ermöglicht erst das richtige Einschätzen, Abwägen und Auswerten der jeweiligen Lebenslage. Stück für Stück vollzieht sich so das Sich-Ent-Rollen aus dem Erb- und Zwangsschicksal. Das Entrollen aus der Verstrickung stellt den Prozess des frei gewählten Schicksals dar, und erst durch diesen Prozess entsteht ein Individuum, ein Pontifex-Ich als eigene Mitte: *„Was die Kräfte und Mächte der Seele unter den machtgierigen Instanzen des Seins verteilt: das ist Dein Ich, der Machtverteiler. Was alle Gegensatzpaare der Seele – wie ein mächtiges Rad mit vielen Achsen – an seinen Polen trägt: das ist Dein Ich, der Pontifex oppositorum, der Brückenbauer aller Gegensätzlichkeiten"* (Szondi 1977, S. 81).

Die Trauma-Integration sowie das Herauslösen aus der Verstrickung sind der Wendepunkt, von dem aus die unfreie Wahl in Liebe, Freundschaft, Beruf, Krankheit und Tod nicht mehr fortgesetzt werden muss. Dadurch eröffnet sich die Möglichkeit der Verwandlung und somit der Neuorientierung der Inneren Gestalt. Diese Änderung wird im Leben unmittelbar ersichtlich und spürbar durch die Befreiung der eingekapselten vitalen Kraft und die Herauslösung der geistigen Qualitäten aus dem Zwang der Überlebensstruktur. So kann die Gabe des Geistes wieder flexibel und mit Unterscheidungsvermögen genutzt werden – der ideale Ausgangspunkt für mehr Autonomie und echte Individualität in den Lebensentscheidungen.

Voice-Dialogue-Praxis

4

4.1 Vorbereitung und Rahmen der Methode

In einem Vorgespräch werden alle relevanten Symptome des Klienten aufgenommen. In ihnen zeigen sich die „Eingänge" zu den Inneren Gestalten als:

- Haupttendenzen im Leben
- psychische Symptome
- Gemütsschwankungen
- das Erstarren der Lebensbewegungen und Blockaden jeder Art
- das Nichtweiterkommen
- das Sich-im-Kreise-Drehen
- Grundstimmungen sowie vehement vertretene Haltungen
- das Unfassbare, was sich einem entzieht und gerne als Leere oder Nichts erscheint

Nach genauerer Betrachtung der Phänomene nähert man sich energetisch den „Eingangstüren" zu der Inneren Gestalt, deren Präsenz sich bereits während des Vorgesprächs verdichtet. In dieser Phase sitzen sich Begleiter und Klient gegenüber. Ist die Innere Gestalt zum Greifen nahe, wird der Klient gebeten, ihr einen Platz im Raum zu geben. Dort angekommen, nimmt er ihren Platz selber ein und lässt sich von ihr energetisch ausfüllen, d. h. er fängt an, aus der Inneren Gestalt heraus zu denken, zu fühlen und zu sprechen. Sein erwachsenes Bewusstsein bleibt währenddessen auf dem Stuhl sitzen, was auch für die Innere Gestalt wahrnehmbar ist. Dies ist der nötige Raum, damit sie sich ihrer selbst bewusst wird und sich neu orientieren kann. Die Innere Gestalt bleibt nun nicht mehr länger nur in sich selbst verhaftet, sondern kann sich sowohl auf das erwachsene

© Springer Fachmedien Wiesbaden 2017
R. Ress und A. Riechers, *Dialog mit dem Unbewussten*, essentials,
DOI 10.1007/978-3-658-14700-6_4

Bewusstsein des Klienten als auch auf andere Innere Gestalten beziehen, die während der Sitzung im Raum energetisch spürbar werden. So beginnt sie, sich Stück für Stück zu wandeln. Nach dem Dialog mit der Inneren Gestalt kehrt der Klient wieder auf die Ausgangsposition zurück, also in sein erwachsenes Bewusstsein. Von dort aus berichtet er über seine Erfahrung, die er in der Position der Inneren Gestalt gemacht hat. Er wird sich in diesem Moment sozusagen seiner unbewussten Anteile bewusst. Der Prozess im Voice Dialogue gestaltet sich deshalb als ein Prozess der Disidentifikation mit den überpersönlichen Inneren Gestalten, die uns als Machtzentren beherrschen (Freiheit von etwas), und zugleich als Prozess der Integration der eigenen abgespaltenen Seelenanteile (Freiheit zu etwas). Oder anders gesagt: Ein freier Seelenraum bzw. autonomer Charakter, in dem die zarten kindlichen Anteile sichtbar werden und in das erwachsene Bewusstsein integriert werden können, entsteht erst im Prozess der Disidentifikation mit den Machtzentren im Unbewussten. Umgekehrt funktioniert es kaum, da die Machtzentren ihre Vorherrschaft nicht freiwillig abgeben.

4.2   Die Kunst des Dialogischen Miteinanders

Die existenzielle Kommunikation mit der Seele bedarf eines speziellen dialogischen Miteinanders. Sobald der Klient in der Inneren Gestalt „angekommen" ist, startet der Voice Dialogue zwischen dem Begleiter und dem Klienten, der von da an nur noch aus der Inneren Gestalt heraus spricht. Voice Dialogue ist ein Balanceakt, da die Inneren Gestalten äußerst sensibel auf ihr Gegenüber reagieren. Gerade im Dialogischen Miteinander wird die unheimliche Wandelbarkeit der Gestalten deutlich – Tarnen und Täuschen sind die häufig schwer zu erkennenden Strategien der Überlebensstrukturen. Sie zeigen sich nicht nur in den rigiden, unbeweglichen, strengen und harten Haltungen, sondern auch als scheinbares Gegenteil, also als geschmeidige Wesen, die Güte und Toleranz ausstrahlen. Doch das ist nur ihre äußere Hülle, hinter der sie einen umso größeren Widerstand verbergen. Dabei wird diese Taktik so perfektioniert, dass das Bewusstsein des Betreffenden es gar nicht bemerkt. Für den Voice-Dialogue-Begleiter sind daher Lektüren wie „Der Fürst" von Niccolò Machiavelli, Goethes „Faust" und Nietzsches „Zarathustra" für das Verständnis der Inneren Gestalten von wesentlich größerem Wert als die geläufigen psychologischen Lektüren.

   Im Dialogischen Miteinander helfen an dieser Stelle nur genaue Beobachtungsgabe, um die dahinterliegende Gestalt zu erkennen. Beim Voice Dialogue ist nicht nur eine unvoreingenommene Offenheit erforderlich, sondern auch der wache Forschergeist eines erfahrenen Kriminalisten vonnöten, der auf energetische Unstimmigkeiten (Stimme, Körpersprache etc.), logische Widersprüche und alle weiteren Details achtet. Alles Gesagte wird auf die Waage gelegt, geprüft und gesammelt, um es später taktisch einzusetzen, indem es gegenüber der Inneren Gestalt angesprochen und thematisiert wird. Der Dialog mit den Inneren Gestalten gestaltet sich daher nicht immer harmonisch, sondern kann auch voll von Widerständen und Widersprüchen sein. Immerhin ist es die Aufgabe der Überlebensstrukturen, die hart erarbeitete Stabilität zu bewahren. Der Widerstand dient schließlich dem Überleben und ist damit eher die Regel als die Ausnahme.

Voice Dialogue spiegelt die Inneren Gestalten in ihrem verborgenen Wesen. Daher kann der Geist des Begleiters gegebenenfalls genauso messerscharf wie geschmeidig sein. Nur so kann er das Gegenüber existenziell ansprechen und in Bewegung setzen. Das Dialogische Miteinander mit dem Klienten spielt sich zuerst zwar auf einer inhaltlichen Ebene ab, dennoch stehen Inhalte bewusst nicht im Vordergrund. Es geht um die Fähigkeit, von Inhalten abzusehen und die Haupttendenzen der Inneren Gestalten zu finden. Das Erspüren dieser Ein- und Zugänge ist der Schwerpunkt der Methode. Neben den Inhalten können noch weitere Elemente als Eingänge dienen wie z. B. Bilder, Symbole, Emotionen, die Körpersprache etc. So bietet sich beispielsweise eine Vehemenz, mit der etwas behauptet wird oder Weltanschauungen untermalt werden, als ein direkter Eingang und sogar als eine Einladung zu der Inneren Gestalt an. Die Motive und Weltanschauungen der Überlebensstrukturen fußen schließlich auf Existenziellen Grenzerfahrungen, die das Gegenteil der nach außen vehement vertretenen Haltung erahnen lassen.

Hier zeigt sich oft die Polarität als Dynamik der Inneren Gestalt: Einerseits soll die Wiederholung des existenziell Bedrohlichen vermieden werden, und es werden dazu auch präventive Strategien entwickelt, die eine „Sicherheitszone" bilden. Andererseits wird eine ausgleichende Erfahrung oder Ersatzbefriedigung mit aller Kraft angestrebt. Alle guten und plausiblen Gründe, warum man das eine macht, während man das andere unterlässt, werden im Dialogischen Miteinander infrage gestellt. Dies muss nicht direkt und nicht einmal verbal geschehen. Voice Dialogue ist eine nuancierte und beinahe minimalistische Kunst und keineswegs das mechanische Abfragen von diversen Punkten. Die Spiegelfläche des unterscheidenden Bewusstseins des Begleiters wird zu einer genauen Spiegelfläche für das Tun, Lassen und atmosphärische Wirken der Inneren Gestalten des Klienten, deren Motive bisher durch niemanden infrage gestellt wurden.

4.3   Voice Dialogue als Spiegelung des Unbewussten

Das Konzept des Dialogischen Miteinanders macht ersichtlich, dass empathisches Zuhören im Voice Dialogue allein nicht ausreicht. Der Prozess muss in erster Linie vom differenzierten Unterscheidungsvermögen seelischer Inhalte und Dynamiken getragen werden. Dieses Unterscheidungsvermögen wird während eines Voice Dialogues als Spiegelfläche angeboten, auf der der Klient seine unbewussten Haupttendenzen als Innere Gestalten ungeschminkt erleben kann. Eine Haltung, die alles „annimmt, wie es ist", wäre hier fehl am Platz, da sie keinen Mehrwert der Unterscheidung bietet. Der Vielfalt im Klienten, also der Vielfalt seiner Inneren Gestalten, muss der Begleiter mit einer ähnlich breiten Möglichkeitspalette an Qualitäten begegnen, in der sich die Innere Gestalt des Klienten nuanciert und differenziert spiegeln kann. Begegnet man z. B. während des Dialoges einem kindlichen Anteil im Klienten, so geht es primär nicht darum, ihm gleich ein Beziehungsangebot zu machen und das zu tun, was die Eltern versäumten. Es geht in diesem Moment vielmehr darum, diejenige Innere Gestalt ausfindig zu machen und zu spiegeln, die sich im Klienten als die strenge, kalte, ständig kritisierende oder strafende Haltung der Eltern abgebildet hat und weiter fortwirkt.

Deshalb ist es wichtig, in der gleichen Schwingung wie die Innere Gestalt zu sein, also sich auf sie einzuschwingen. Diese Schwingung hat vor allem eine energetische Komponente, die wie ein Flussbett eine tragende Verbindung ist. Es ist auch schlechthin die Informationsquelle über die Innere Gestalt. In dem Flussbett werden alle anderen Kommunikationselemente getragen – also verbaler Ausdruck, Emotionen, Körpersprache, innere Bilder und Symbole. Wichtig ist also, mit der Aufmerksamkeit beim Flussbett zu bleiben. Diese leitet das Dialogische Miteinander mit den Inneren Gestalten. So gelingt es auch, ihren Gesetzmäßigkeiten zu folgen, die das Ich-Bewusstsein nicht vorgeben kann.

4.4   Wahrnehmung als Methode

Die eigene, ausdifferenzierte Wahrnehmung der energetischen Felder von Geist und Seele, ihre Ansprache in Form von Inneren Gestalten und die Kunst des Dialogischen Miteinanders macht auch die eigentliche Methode aus, d. h. der Begleiter wird mit seiner Wahrnehmung zur Methode. Daher ist auch die Betonung auf die Schulung der Wahrnehmung so wichtig. Während die Ansprache der Seele und ihrer kindlichen abgespaltenen Anteile persönlich zu gestalten ist, orientiert sich die Ansprache geistiger Machtgestalten an ihrem unpersönlichen Willen, dem es ebenbürtig zu begegnen gilt. Erst dann wird man als Begleiter einigermaßen ernst genommen, wenngleich sich die Machtgestalt auch äußerst ungern auf ein Gespräch einlässt. Denn wir dürfen nicht vergessen, dass ihre Macht ja gerade in und aus der Verborgenheit wirkt.

4.5 Phänomenologische Herangehensweise

Die besondere Herausforderung von Voice Dialogue ist, auf alle psychologischen Haltungen und Deutungen zu verzichten, da sie seitens der Inneren Gestalten nichts bewirken.

> Da nun das Individuelle […] das schlechthin Einmalige, Unvorhersehbare und Undeutbare ist, so muß der Therapeut in diesem Falle auf alle seine Voraussetzungen und Techniken verzichten und sich auf ein rein dialektisches Verfahren beschränken, d. h. auf jene Haltung, die alle Methoden vermeidet. […] Mit anderen Worten: Der Therapeut ist nicht mehr das handelnde Subjekt, sondern ein Miterlebender eines individuellen Entwicklungsprozesses (Jung 2000, S. 16).

Die Inneren Gestalten reagieren gegenüber Interventionen jeglicher Art oft allergisch. Wertende Aussagen und psychologisierende Deutungen werden von ihnen nicht lange geduldet. Sie wenden sich einfach ab, und der Prozess wird unterbrochen, das heißt, dass die Verstöße gegen die phänomenologische Sicht- und Vorgehensweise mit ihrem Rückzug quittiert werden. Der Rückzug der Inneren Gestalten ist dann nicht dem Klienten, sondern eindeutig dem Begleiter und seinem Nichtkönnen anzulasten.

4.6 Grenzen der Methode Voice Dialogue

Da die Inneren Gestalten oder Anteile, mit denen gearbeitet wird, die Gestalt gewordenen Trauma- und Überlebensstrukturen der Seele des Einzelnen sind, ist Voice Dialogue langfristig kaum ohne eine körperorientierte Traumaarbeit denkbar. Die Existenzielle Grenzerfahrung hat sich primär im autonomen Nervensystem und im Körper niedergeschlagen. Sich nur dem verbalen Aspekt der Inneren Gestalten zu widmen, hieße de facto, mit den Traumafolgen zu arbeiten, ohne die Ursachen anzugehen, die sich auch im Körper niedergeschlagen haben. Sollte diese Ebene ausgeblendet werden, kann man nicht wirklich über einen systemischen Ansatz sprechen, sondern eher über eine reduktionistische Oberflächenbehandlung. In Bezug auf transgenerationale Existenzielle Grenzerfahrungen wird es wiederum nötig sein, den historischen Kontext der Täter- und Opferdynamik durch eine körperorientierte Trauma-Aufstellungsarbeit zu spiegeln. Denn in genau diesem Kontext ist die Innere Gestalt verfangen und verwirrt. Insofern ergänzen sich die Methoden der Traumaarbeit integrativ (vgl. Riechers und Ress 2015, S. 113 ff.).

Fallbeispiel: „Ich muss etwas erreichen!"

5

▶ **Methodischer Hinweis und Orientierung:**

> Der Begleiter des Klienten im Voice Dialogue, auch Facilitator und im weiteren Text kurz „F" genannt, ist aufgrund der folgenden Fallschilderung sowie der Formulierung des Anliegens vor die Aufgabe gestellt, die Haupttendenzen der hier agierenden Klientin zu erspüren, sie mit ihr zu besprechen und anschließend gut verständlich zu formulieren. Sobald dies gelungen ist, werden die Inneren Gestalten angesprochen, die uns im Prozess schrittweise zu den tieferen Ursachen der Thematik vordringen lassen.

Christine, Ende dreißig und erfolgreiche Managerin in einer Werbeagentur, berichtet im Rahmen eines Coachings von einem unheilvollen Kreislauf, in dem sie sich gefangen fühlt. Sie sei beruflich äußerst erfolgreich, fühle sich aber „wie gefesselt" an ihren Stuhl. Sie könne nie pünktlich in der Arbeit Schluss machen, sondern müsse immer noch zusätzliche Arbeitsaufgaben verrichten – hier noch eine Mail, dieses Dokument noch einmal überarbeiten, immer perfekt vorbereitet sein – es sprenge immer den Rahmen, aber sie könne es nicht abstellen. Vor drei Jahren, als sie Abteilungsleiterin wurde, stand sie kurz vor einem Burn-out. Der eigene Erwartungsdruck hätte sie fast zerrissen, und die Erwartungen der Chefin waren hoch. Diese Phase habe sie zwar überwunden, sie komme aber wieder regelmäßig spät nach Hause, was von ihren Partnern in Gegenwart und Vergangenheit zunehmend als Problem aufgefasst worden sei. Christine beschreibt sich selber als „emotional kühl", daher suche sie sich immer Beziehungspartner, die sehr emotional wirken. Die erste „Flucht in eine Beziehung" sei mit 17 gewesen, und diese Beziehung hielt vier Jahre. Doch mit der Zeit hätten die Männer negativ auf ihren Arbeitseifer reagiert, und nach zwei Jahren sei dann regelmäßig der

© Springer Fachmedien Wiesbaden 2017
R. Ress und A. Riechers, *Dialog mit dem Unbewussten*, essentials,
DOI 10.1007/978-3-658-14700-6_5

Punkt erreicht gewesen, wo sie an ihre Grenze kamen und Christine verließen. Sie selber beende die Beziehungen nie.

Familienanamnese von Christine (das vordere Ahnenfeld):
Sie selber komme aus normalen bürgerlichen Verhältnissen. Die Eltern haben lange Zeit eine erfolgreiche Dachdeckerei betrieben, die nun verkauft sei. Materiell habe es ihr und ihren beiden Geschwistern an nichts gefehlt, und die materielle Absicherung sei in der Familie auch überhaupt das Wichtigste gewesen. Wenn der Vater mal einen Auftrag nicht zugesprochen bekam, sei er cholerisch „ausgeflippt". Auch wenn die Auftragsbücher übervoll waren, hat er immer noch einen weiteren Kunden angenommen. „Man weiß schließlich nie, wann es wieder nachlässt." So etwas wie Urlaub habe es in der Familie nicht gegeben. Der Bruder der Klientin habe den elterlichen Betrieb nicht übernommen. Er lehnte mit den Worten „Ich muss etwas erreichen!" dankend ab und ist mittlerweile Geschäftsführer einer großen Immobilienverwaltung.

Die Grundstimmung in der Familie beschreibt die Klientin als oberflächlich. Es werde viel und gerne über unwichtige Sachen gesprochen, allerdings nie über Gefühle. Dass die Familie so wenig emotional war, sei der Klientin erst im Teenager-Alter aufgefallen, als sie bei der Familie einer Freundin übernachtete. Das sei ein absolutes „Aha-Erlebnis" gewesen. Umarmungen zur Begrüßung und Verabschiedung, die Frage „Wie geht es dir?" – all das habe sie selber in ihrer Familie nie erlebt. Sie wurde antiautoritär erzogen. Es war den Eltern egal, wann oder ob sie betrunken nach Hause kam. Es war auch egal, welche Schule sie besuchte.

Über die Vergangenheit der Familie wisse sie nicht viel. Nachfragen werden von der Mutter gerne mit den Worten „Ach hör auf!" abgewehrt. Ihre Schwester habe allerdings einige Informationen zusammengetragen.

Danach habe die depressive Großmutter mütterlicherseits einen Selbstmordversuch unternommen, der in der letzten Sekunde durch die Mutter der Klientin gerade noch verhindert werden konnte. Selbstmord begangen hat der Großvater väterlicherseits, der an einer schweren Kriegsverletzung litt. Die Großmutter väterlicherseits war daraufhin während der Zeit des Zweiten Weltkrieges mit sechs Kindern alleine, ein siebtes war tot geboren worden. Die Kriegswirren zwangen die Familie zur Flucht, und ihr Vater beschrieb die frühe Kindheit in der neuen Heimat als ärmliche und elende Verhältnisse. Das erste paar Schuhe habe er mit sieben Jahren besessen.

Erste Voice-Dialogue-Sitzung. *Die Klientin kommt gerade noch pünktlich an. Sie wirkt abgehetzt.*
Christine beschreibt ihr gesamtes Anliegen so: *„Ich möchte den Anteil in mir kennenlernen, der mir ständig die Arbeit vor dem Privatleben priorisiert und mir immer wieder privat geschadet hat."*

F: „Bitte suche den Platz, wo die Innere Gestalt hier im Raum steht. Wo steht die Gestalt, die so viel zu tun hat und es gerade noch so pünktlich zu unserer Sitzung geschafft hat?"

Die Klientin findet einen Platz im Raum und antwortet jetzt ausschließlich aus der Inneren Gestalt (IG) heraus, von der sie sich energetisch ausfüllen lässt:

IG: „Ich hätte noch viele Dinge zu tun! Ich habe auch danach noch viele Dinge zu tun. Ich muss mich ja schließlich vorbereiten."

F: „Ja, so macht man es, so bereitet man sich vor. Wer sollte es sonst tun? Es ist immer viel zu tun. Man könnte gar meinen, es hört nie auf?!"

IG: „Ja, es wird immer mehr!"

F: „Den Eindruck habe ich auch."

IG: „Und es ist ganz schlecht, wenn ich nicht da bin."

F: „Richtig, da würde die Arbeit darunter leiden, wenn Sie es nicht machen."

IG: „Oder jemand anderes würde es übernehmen."

F: „Das wäre natürlich nachteilig für Sie!"

IG: „Genau. Dann würde ich mich zurückgesetzt fühlen und nicht verantwortlich und nicht relevant für die Arbeit sein."

F: „Es könnte auch schlimmer sein, man schmeißt Sie hinaus."

IG: „Das würde man nicht tun, denn man weiß, was man an mir hat."

F: „Aber zurückgesetzt werden in die zweite oder dritte Reihe, das wäre unerträglich!?"

IG: „Ja, aber ich weiß, dass die Gefahr gering ist. Ich bin ja engagiert: Überstunden, Vorbereitung, und ich bin emotional in der Arbeit."

…und so geht es weiter. Nach einer gewissen Zeit kommt es dann zu einem anderen Thema:

F: „Wissen Sie, die Christine, da gibt es gewisse Menschen im Leben der Christine, die würden gerne mehr von ihr haben. Da müssten Sie unter Umständen eine Stunde pro Tag weniger arbeiten."

IG: „Ganz schlecht!"

F: „Was denkt die Christine sich denn da? Wie sollen Sie sich denn da wohl-fühlen? Wie sollen Sie zu den Erfolgserlebnissen kommen, die Ihnen so guttun? Vielleicht ist sie da ein wenig uneinsichtig?"

IG: „Die Zeit würde mir fehlen und sich in der Qualität der Leistung bemerkbar machen."

F: „Man kann die Christine vielleicht schon verstehen, aber doch ..."

IG: „... habe ich gleich ein schlechtes Gewissen."

F: „Und damit setzen Sie sich dann an den Esstisch zu Hause ..."

IG: „Ja, ich diskutiere ja auch zu Hause fachliche Themen weiter."

F: „Sie gehen also damit an den Esstisch. Und ich könnte mir vorstellen, dass Sie es auch in die Nacht, in die Träume mitnehmen ..."

IG: „Ja, aber nur die negativen Sachen. Schade um die Christine. Ich habe irgendwie Mitleid mit ihr. Aber ich kann deswegen nicht damit aufhören."

F: „Christine hatte gesagt, dass Sie bei der Arbeit den Rahmen sprengen würden?"

IG: „Nein, tue ich nicht. Ich schaffe es ja gerade so. Ich halte mich eh schon zurück."

F: „Danke für Ihre Zeit und für das offene Gespräch. Darf ich nun wieder mit Christine sprechen?"
   Die Klientin wird hernach aufgefordert auf den Stuhl zurückzukehren, um die Innere Gestalt zu beschreiben.

Klientin (K): „Sie hat schon sehr recht. Sie ist schon zu 80 % mein Wesen. In der Arbeit bin ich ganz so, auf jeden Fall."

F: „Was ist ihr Wesen?"

K: „Na ja, diese 100-prozentige Identifikation mit der Daseinsberechtigung, die Identifikation mit dem Job. Also, dass das einen emotional mitnimmt, auf und ab. Auch das wenige Lob, das ich in der Arbeit bekomme, ist Balsam für die Seele. Und das fühlt sich natürlich gut an. Und die Innere Gestalt sichert mein Fortkommen."

F: „Was kann diese Innere Gestalt nicht? Wo kommt sie an ihre Grenzen? Wodurch verhindert sie die Entfaltung in anderen Lebensbereichen, wie z. B. in Beziehungen?"

K: „Sie kann sich nicht zurücknehmen." *(denkt nach)* „Aber wenn man ihr doch sagt, dass eine Stunde am Tag kein ‚Gamechanger' ist und diese eine Stunde vielleicht woanders besser investiert ist. Warum versteht sie das denn nicht?"

F: „Ja, warum versteht sie das nicht?"
Die Klientin wird gebeten, wieder in die Position der IG zu gehen.

IG: „Ja, weil die Zeit ja gut investiert ist in der Arbeit. So eine sinnlose Frage! Was würde ich denn machen, wenn ich zu Hause bin. Vorm Fernseher sitzen?! Da bringt es doch mehr, in der Arbeit noch eine Schippe draufzulegen."

F: „Denn was passiert zu Hause vorm Fernseher?"

IG: „Nichts. Es ist besser investiert, Gedanken zu schmieden …"

F: „Mit dem Ergebnis …"

IG: „Dass meine Leistung besser wird." *(wirkt zufrieden)*
Klientin geht zurück zum Stuhl.

K: „Ja, sie hat schon recht!"

F: „Merkst du den Unterschied zwischen den Positionen?"

K: „Ja. Da (in der IG) fühle ich mich wohler."

F: „Ist sie für deine logischen Argumente zugänglich?"

K: „Nein."

F: „Wie geht es dir jetzt?"

K: „Ich glaube, es ist eine Herausforderung, sie zu überzeugen. Die Frage ist, ist es überhaupt das Ziel?"

F: „Eine machtvolle Überlebensstruktur überzeugen zu wollen, die dein Vorankommen sichert, dass sie ihre Macht und Kompetenz zum Teil an dich abgibt?"

K: „Na ja, jetzt gibt es ja auch mittlerweile Probleme, und es ist negativ. Und es gibt ja noch eine andere Variante, die sich vielleicht nach einem Familienleben sehnt."

F: „Bitte gehe in diese andere Variante, also die Innere Gestalt, hinein."
Die Klientin sucht den Platz der Inneren Gestalt 2 (IG 2).

K: „Die ist aber sehr klein. Die steht komplett im Konflikt zu ihm (IG 1) und steht weiter weg von mir, weil sie kleiner ist, nicht dominant."

Im weiteren Verlauf der Sitzung zeigt sich dieser seelische Anteil als unsicher und zweifelnd. Dem Gedanken, einmal eine Familie zu gründen, steht die IG 2 skeptisch gegenüber. Sie habe immer wieder einen Traum, in dem sie vergisst, das Kind zu füttern. Es stellte sich heraus, dass die Klientin selber auf dem Wickeltisch vergessen worden war und dabei fast herunterfiel. Überhaupt habe sie, die IG 2, eine große Angst vor dem Vergessen. Das war schon in der Universität so, und auch in der Arbeit schreibe sie sich alles auf, um ja nichts zu vergessen.

Von der zweiten Inneren Gestalt aus zeigte sich eine dritte, hinter ihr stehende Figur. Sie repräsentierte die Großmutter väterlicherseits, die sichtbar stolz auftrat. Sie berichtete, dass schließlich aus allen sechs Kindern „etwas geworden" sei. Alle sind mit der nötigen Intelligenz ausgestattet, und mit dem nötigen Fleiß haben sie es zu etwas gebracht. Auffallend an ihrer Präsenz war jedoch das Aussparen der „elenden Verhältnisse". Das Dasein als Alleinerziehende von sechs Kindern, als Flüchtlingsfamilie in der Nachkriegszeit, also eine der gewichtigsten Existenziellen Grenzerfahrungen, wurde mit keinem Wort erwähnt.

Schon am Ende der ersten Sitzung zeigte sich die IG 1 weniger dominant, ja fast schon nachdenklich. Sie wisse selber nicht, warum sie so viel arbeiten müsse. Das sei ihr nicht bewusst. Das „Kinderthema" der IG 2 habe sie gehört, allerdings sei die Sache doch klar: *„Etwas Materielles wie eine Eigentumswohnung kann man wieder auflösen und trennen. Bei einem Kind geht das jedoch nicht! Das bleibt."*

Das tiefere Feld der perimortalen Bewusstseinszustände
In der nächsten Sitzung öffnete sich im Rahmen einer körperorientierten Trauma-Aufstellungsarbeit hinter der Großmutter ein Gestalt gewordenes Feld voller Kälte und dämonischer Bosheit. Die Innere Gestalt in der Klientin, die dieses Feld anzieht bzw. darin verstrickt ist, wirkte wie taub und blickte völlig apathisch. Nach einigen Druckimpulsen am Weichgewebe der Klientin sprach die Innere Gestalt: „Es ist gefährlich!" Mit diesem Satz wurde die sprachlich verdichtete traumatische Schockladung mit einer Eye-Movement-Integration-Sequenz herabgesetzt. Wieder auf den Stuhl zurückgekehrt, besann sich die Klientin. Sie habe immer wieder auch Männer angezogen, die kühl waren. Diese Beziehungen hätten eher Abenteuer-Charakter gehabt und hielten nie lange, jedoch war sie gerade mit diesen Männern völlig emotional. Je kühler die Männer, desto emotionaler sei sie gewesen.

Zwei Wochen später stellte sich die Klientin mit folgenden Symptomen vor (Abb. 5.1 „Fall-Anamnese"):

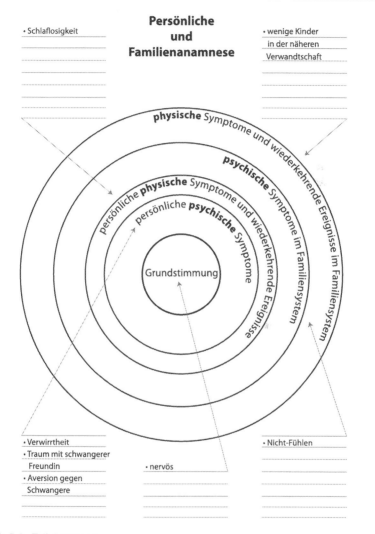

- Schlaflosigkeit

Persönliche und Familienanamnese

- wenige Kinder
  in der näheren
  Verwandtschaft

physische Symptome und wiederkehrende Ereignisse im Familiensystem

psychische Symptome im Familiensystem

persönliche physische Symptome und wiederkehrende Ereignisse

persönliche psychische Symptome

Grundstimmung

- Verwirrtheit
- Traum mit schwangerer
  Freundin
- Aversion gegen
  Schwangere

- nervös

- Nicht-Fühlen

Abb. 5.1 Fall-Anamnese

Sie sei insgesamt sehr verwirrt und möchte wissen, wie es mit dem Thema nun weitergehe. Das Wort „Kind" werde immer mehr zum Reizwort. Mittlerweile habe sie sogar eine Aversion gegen Schwangere. Sie fühle sich schon absolut unwohl, wenn schwangere Frauen nur neben ihr stünden. Sie verhütet jetzt noch vorsichtiger als vorher und habe auch von einer komplizierten Schwangerschaft einer Freundin geträumt, die gar nicht schwanger sei. Der anschließende Voice Dialogue wurde mit der Inneren Gestalt (IG 3) geführt, dem Träger dieser Verwirrtheit. Sie zeigte sich als weitere Schicht der ZGG, die direkt hinter der Klientin stand. Ihr Anliegen sei, zu verstehen, warum das „Kinderthema" so schwierig und wenig positiv für sie ist. Denn eigentlich ist es ja „etwas ganz Normales", eine Familie zu haben. Sie könne jedoch nichts dafür empfinden, nichts Positives oder ein Gefühl, das ihr recht gäbe.

Der Dialog wurde an dieser Stelle mit der ursprünglichen IG 2 fortgesetzt, dem kleinen und unsicheren Anteil der Klientin aus der ersten Sitzung. Sie wolle ihre Beziehung nicht wieder verlieren, kann sich aber nicht für die nächsten Schritte entscheiden:

F: „Also was müsstest du dann tun, um diese Beziehung zu erhalten?"

IG 2: „Ein Kind bekommen. Ich weiß ja, dass mein Partner eine Familie gründen möchte."

F: „Dann ist es ja entschieden?"

IG 2: „Na ja, dann behalte ich meine Beziehung. Aber dann habe ich auch ein Kind. Das Kind ist dann die Konsequenz."

Das Wort „Konsequenz" wurde im weiteren Dialog thematisiert. Die wirkliche Konsequenz, so stellte sich heraus, war nicht das Kind, sondern seine Folgen. Die Klientin kam in ihrer Reflexion über die IG 2 zu folgendem Resümee:

K: „Das Kind bringt mich näher zu meinen Eltern. Dann bin ich viel häufiger dort, bei den zukünftigen Großeltern des Kindes. Und es bringt mich zum Fühlen. Wenn es mich dann so anschaut. Dann muss ich dem Kind ja was geben. Und das kann ich dann nicht. Ja und dann begegne ich meiner eigenen Kälte" *(stockt und ist den Tränen nahe).*

Fallreflexion und Konsequenz:
Der Fall zeigt den komplexen und mehrschichtigen Aufbau von sowohl Überlebens- als auch Traumastrukturen in der Seele eines Menschen. Die IG 1 bildet die der Welt zugewandte äußerste Schicht der Überlebensstrukturen und folgt ausschließlich der Zwecklogik des Überlebens: Man muss ehrgeizig sein, um etwas zu schaffen. Der abgewehrte Burn-out hat diese Innere Gestalt noch rigider und dominanter gemacht. Die Orientierung am Materiellen ist eine Haupttendenz des gesamten familiären Unbewussten und zugleich eine „Sollbruchstelle". Denn ihm

wird alles geopfert – Freizeit, Erholung, sogar die Beziehung. Zeitgleich dient diese Strategie aber auch einem zweiten, tiefer liegenden Zentralthema, das in der Seele als Existenzielle Grenzerfahrung angelegt ist, traumatisch wirkt und auch mit allen Mitteln vermieden werden soll - das Kinderkriegen. Obwohl sich der seelische Anteil IG 2 nach Bezug sehnt, ist hier zugleich der größte Widerstand zu spüren: Nicht-Fühlen, aktiv verhindern und sogar Schwangere meiden. An das Nicht-Fühlen gekoppelt sind die Emotionalität und die Faszination gegenüber der Kälte. Die Kälte, die schon zur Großmutter gehörte, weist auf eine starke Spaltung hin, und sie wirkt im familiären Unbewussten als Gestalt gewordenes Feld mit hoher Feldstärke weiter. So hat sich das Leben der Ahnen auch in den Inneren Gestalten der Klientin abgebildet und wird zur Vorlage für die eigene Biografie, die davon sichtlich geprägt wird. Die emotionale Kälte ist das familiäre Zentralthema, das sich erst in tieferen Schichten zeigt und auch das vorrangig zu behandelnde Thema in zukünftigen Sitzungen darstellt. Der apathisch und taub wirkende verstrickte Anteil deutet auf perimortale Bewusstseinszustände und eine Täter- und Opferdynamik hin. An dieser Stelle kommt Voice Dialogue an seine Grenzen und sollte mit integrativen Methoden der Traumaarbeit ergänzt werden (körperorientierte Trauma-Aufstellungsarbeit, Eye Movement Integration). Was einst noch die gesellschaftlichen Konventionen geregelt haben, nämlich, dass man möglichst bald heiratet und Kinder bekommt, wird in der Neuzeit zur Zerreißprobe für die Klientin. Durch die rasante Entwicklung der letzten Jahrzehnte entstand eine Kluft zwischen den archaischen transgenerationalen Überlebensstrukturen und der individuellen Schicht des Überlebens, die sich ganz anderen Verhältnissen, Wertnormen und Anforderungen anpassen musste. Das Kind als Spiegel der Eltern konfrontiert die Klientin mit der ganzen Tragweite ihrer Trauma- und Überlebensstrukturen und wird schließlich zur Entwicklungsreise zum Selbst.

Was Sie aus diesem *essential* mitnehmen können:

- Eine verdichtete Darstellung komplexer Zusammenhänge, und zwar hier ohne deren Vereinfachung oder Verflachung, sondern als „komplexitätserhaltende Komplexitätsreduktion" (Helm Stierlin).
- Eine geschärfte Wahrnehmung für ein breites Spektrum von ideologisierten Oberflächenbehandlungen, die heutzutage sowohl auf dem esoterischen Markt als auch von der geläufigen Psychologie und manchen Coaching-Ansätzen angeboten werden. Dies spart Energie, viele Enttäuschungen, Verwirrungen sowie auch Zeit und Geld.
- Eine differenzierte Wahrnehmung und dialektisches Denken als die besten Waffen gegen Manipulationsversuche, denen wir ständig ausgesetzt sind, und zwar in privaten Belangen, im Arbeitsbereich wie in therapeutischen Ansätzen sowie in der Politik. Solch eine Wahrnehmung ist ein Wert an sich, da sie im Leben die beste Orientierung gibt.
- Das Verständnis für die un- und überpersönlichen Gesetzmäßigkeiten im Unbewussten ist die Voraussetzung für das Herauslösen des Individuellen.
- Erwachte Lust am inneren Abenteuer der Seele durch das Ansprechen des Wirklichkeitssinns.

© Springer Fachmedien Wiesbaden 2017
R. Ress und A. Riechers, *Dialog mit dem Unbewussten*, essentials,
DOI 10.1007/978-3-658-14700-6

Literatur

Bode, S. (2014). *Kriegsenkel*. Stuttgart: Klett-Cotta.

Goethe, J. W. (1971). *Faust. Eine Tragödie*. Stuttgart: Reclam.

Grof, S. (1994). *Das Abenteuer der Selbstentdeckung*. Reinbek: Rowohlt.

Heidegger, M. (1992). *Was heißt Denken?* Stuttgart: Reclam.

Hellinger, B. (2005). *Wahrheit in Bewegung*. Freiburg: Herder.

Henderson, J. (1990). *Shadow and Self*. Wilmette: Chiron Publications.

Hillman, J. (1997). *Suche nach Innen*. Einsiedeln: Daimon.

Hölderlin, F. (2012). *Hyperion*. Hamburg: Tredition.

Jung, C. G. (1948). *Symbolik des Geistes*. Zürich: Rascher.

Jung, C. G. (1957). *Bewusstes und Unbewusstes*. Frankfurt a. M.: Fischer Bücherei.

Jung, C. G. (1990). *Von Gut und Böse*. Olten: Walter.

Jung, C. G. (2000). *Grundfragen zur Praxis*. Augsburg: Bechtermünz.

Kirchhoff, J. (2002). *Die Anderswelt*. Klein Jasedow: Drachen.

Nietzsche, F. (2016). *Menschliches, Allzumenschliches*. Berlin: Contumax.

Otto, R. (1947). *Das Heilige*. München: Biederstein.

Reich, W. (2010). *Charakteranalyse*. Köln: Anaconda.

Riechers, A., & Ress, R. (2015). *Trauma und Blockaden im Coaching*. Wiesbaden: Springer.

Ruppert, F. (2010). *Seelische Spaltung und innere Heilung*. Stuttgart: Klett-Cotta.

Stone, H., & Stone, S. (1989). *Embracing our selves*. Novato: Nataraj Publishing.

Szondi, L. (1977). *Freiheit und Zwang im Schicksal des Einzelnen*. Zürich: Ex Libris.

© Springer Fachmedien Wiesbaden 2017
R. Ress und A. Riechers, *Dialog mit dem Unbewussten*, essentials,
DOI 10.1007/978-3-658-14700-6